社會叢書

——政治篇——

臺灣社會的變遷與秩序

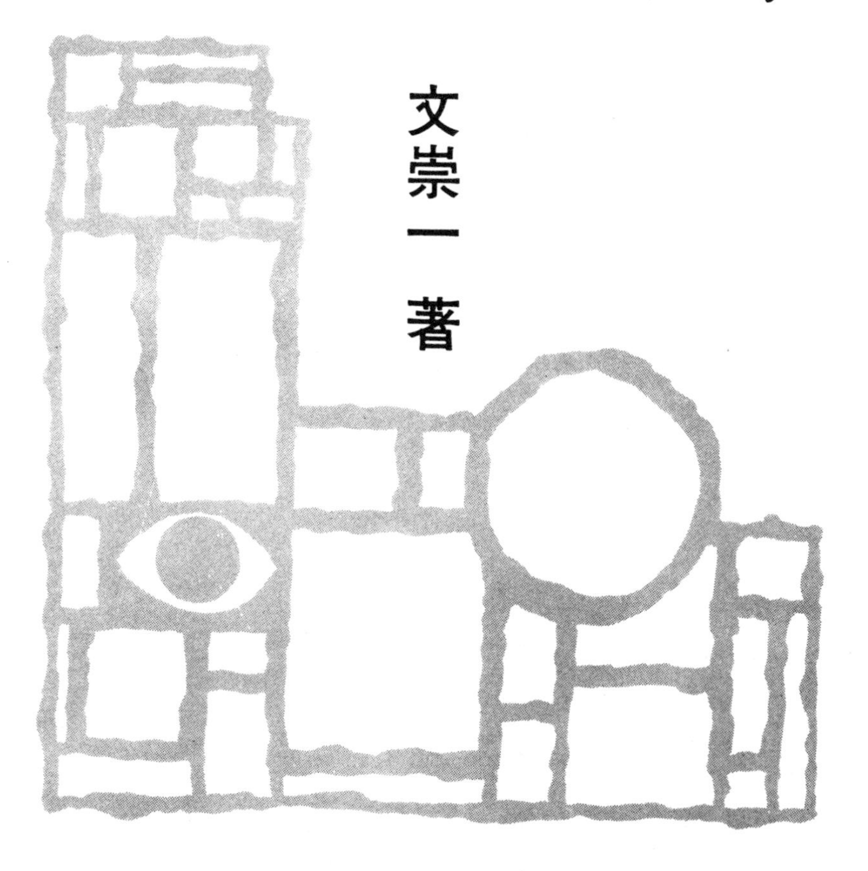

文崇一 著

東大圖書公司印行

序　言

這些年來，由於臺灣社會在快速的工業化過程中，發生了許多不調適的現象；又由於對臺灣社會的研究和了解，以及傳播媒體的需要；便不自覺的因觀察所得而寫了一些短文。一方面批評因變遷所導致的許多失序現象，決策單位既缺乏事先的規畫，又不圖事後的補救；另方面也批評社會大衆缺乏自我檢討的習慣，不僅人際關係日趨冷漠、疏離，也使混亂現象得不到疏解的機會，新的秩序便不容易建立起來。

做為一個以研究或教書為職業的知識分子，在這樣的情境下，究應如何自處，是一個值得重視的問題。有人說，研究學術的人不應該因社會事務分心，只要嚴守學術立場，做好研究就够了。也有人說，研究者既是社會的一分子，便不應自我孤立於社會中，必須運用學術良知，為社會提出貢獻，況且研究者也無法遺世獨立，國家的政策到最後必然影響每一個國民。我個人認為，在不妨礙原有工作的前提下，用文章提出一些個人的看法，作為與他人溝通意見的方式，未始不是一種可行的辦法。在一個開放的民主社會，最值得鼓勵的就是提出自己的意見，而不是比拳頭。事實是，有些人知道一些現象，却不知如何說出來，例如工人、農民朋友，由於多半沒有受過操縱知識和文字的訓練，難以用文字表達；有些人對一些現象往往視而不見，或故意忽略，自然不會撰寫出來，讓其他的人看到。知識分子比較可以擺脫現實的利益，用批判的眼光，把所觀察到的現象，特別是異常現象記錄下來，雖未必每件事都完全正確，總不失為一得之見，多少可以讓社會大衆或決策單位明白事實的另一個層面。

這樣做是否已經構成不務正業之譏？這要看寫雜文所占用的時間多少而定，如果在自己的專業範圍內，把學術知識用來解釋現實社會現象，相信兩者不僅不相互衝突，還可以收到互補的效果。從另一個角度去看，所謂正業，也沒有絕對的界線，做好研究、教好書是正業，寫一篇好的雜文，做一場好的演講，對社會來說，同樣是正業。關懷社會，固然是行政體系的專責，社會人士也有義務共同維護和監督，畢竟你、我都是社會的一分子，無權置身事外。

寫雜文也有一些困擾，有的讀者讀了不高興，就寫信來罵，說一些難聽的話。其實沒有必要，每個人都有表示意見的權利，事情往往有幾個面，說出個人的看法或提出批評就足够，不必至於動肝火罵人。可是，有的人不這樣想，無可奈何。有的人坦白表示，他不喜歡研究者發表政論或時論文章，談些非研究領域中的問題。這就牽涉到嗜好了，簡直無法做進一步討論，你喜歡辣椒，我喜歡甜餅，這還能干預嗎？最後我們總是想，也顧不得這許多了，只要批評保持客觀，儘量中立，為社會提供一些儘可能持平的判斷，也就不至於浪費時間和精力。這並不是什麼知識分子的使命感，只是一種公民的責任或道義罷了。

收在本集的一百多篇文章，時間相當長，但大部分文章完成於近幾年。文章不以時間先後排列，而以性質分為七類，即衝突與開放，討論臺灣社會如何在衝突中尋求開放和秩序；政治民主，討論民主和政黨政治在臺灣社會運作的現象；行政的無力感，討論政策所面臨的許多困境；工業社會的倫理，討論建立工業倫理的重要性和可能性；文化往那裏走，討論文化的因襲和創造上的一些可能途徑；學術的自主性，討論如何培養學術發展的獨立能力；知識分子的批判性，討論知識分子在臺灣的工業社會中，應該扮演什麼樣的角色。前三章，即衝突與開放，政治民主化，與行政的無力感輯為一册，曰《政治篇》；後四章，即工業社會的倫理，文化往那裏走，學術的自主性，與知識分子的批判性輯為一册，曰《社會文化篇》。所有這些文章，都是針對當時所發生的事件，提出個人的觀點或議論。臺灣幾十年的工業化過程，雖然獲得舉世矚目的經濟成就，人民的生活程度提高甚多，然而，付出的代價或社會成本也的確不少，環境污染日甚，犯罪率日高，投機取巧風氣日益嚴重，政府公信力日益低落，幾乎每一個部門都出現了危機，真是令人感到憂心。如果經濟成長後的生活品質竟如此低劣，那發展的目的是為了什麼？這是我們必須共同面對的現實，不能用轉型期把它輕輕帶過。寫作的基本動機也就在這裏，越早了解危機的所在，才越有可能扭轉危機，為社會人類找到一個新的起點。

本書各文，初次發表的報刊雜誌很多，藉此謝謝它們所給予我的機會。也謝謝東大圖書公司劉振强董事長給予出版機會。

文崇一

1989年11月於南港中研院

臺灣社會的變遷與秩序

《政治篇》

目　次

政治民主化

行政的無力感

衝突與開放

塑造一個開放社會

幾千年來，中國的政治體系，一向囿於家族範圍之內，因而在國家權力轉移時，免不了便要打殺一番，從夏商周春秋戰國一直到近代，莫不如此。歷史上的治亂循環，實際就是家族政治的興替，一個姓推翻了另一個姓，建立自己的王朝，維持一個時期，再被別的姓推翻，這叫做治世。像春秋戰國，一方面是姓本身的分裂，建立許多同姓王朝，另方面是異姓間互相砍殺，企圖建立新的王朝，這叫做亂世。這種政治體系是互相排斥的，政治本身也是一個封閉體系。除了一個姓用戰爭的方法取代另一個姓，沒有其他的辦法。歷史上雖然記載過禪讓時代，那可能祇是一種傳說，或某種早期的部落政治，中國歷史上從來沒有發明過，用制度的方法把國家的統治權移轉給異姓。

這種長久的家族政治封閉體系，爲我國社會帶來了幾個明顯的特徵：其一是在政治組織中大量安排親戚故舊，成爲一個龐大的權力網絡關係，所謂「一人得道，鷄犬升天」，就是從中央到地方，結成許許多多的小圈子。權力不外溢的結果，也加強了親緣和地緣意識，使有「關係」的人和無「關係」的人形成兩個不同的世界；有關係也有親疏遠近之別，差別的社會體系就建立在權力和利益的基礎上。其二是由於家族與權力合成爲一元的統治，家長制的權威體系得以擴張到每一個角落，從皇帝的獨尊到族長、家長的獨裁，使社會上到處充滿了獨斷獨行的言論和行動，一般人民幾乎沒有發言權，造成一種「有寃無處伸」的不理性現象。經過幾千年長時間的陶冶，於是把這種不合理的現象視爲當然，毫無反抗的能力。其三是單元價值的橫行，使所有人民承認，祇有政府推廣的、家族認可的，才是社會和人民的終極理想。這樣就形成兩個極端：一個是「只准州官放火，不准百姓點燈」，允許政府具有掌握軍隊、警察、特務的合法暴力；一個是老百姓被「逼上梁山」的時候，就只有發動武裝暴動，一以推翻合法暴力，一以發洩民怨。這種惡性循環，使中國政治、社會長期陷於治亂循環中而無法自拔，實在是家族式封閉政治體系所種下的惡果。

到了工業社會，這樣的統治方式顯然會受到挫折，最大的原因來自職業的分工和價值的多元化。工業化不但增加了選擇職業的機會，使契約、法規受到更大的重視，而且加強了政治上的分工原則，加速民主政治的發展。工業與民主的觀念，也使原來的單元價值社會受到挑戰，除了家族和權力外，人民還有一個非常廣闊的空間，可以從事許多積極的活動。所謂多元價值，就是在政治、經濟、社會各方面，每個人可以有自己的主張，別人不得干涉；政府也不能利用特權，干預個人的合法言論和行動，除非是暴力行爲。

政府的義務，就在於爲人民提供一個開放的空間。所謂開放的空間，就是在權力和財富分配上，作有效的控制，以獲得均衡發展，政府不能隨意運用特權，私人更不能擁有特權；企業不能流於壟斷，弱勢勞動人民應有法律上的保障；你可以是自由派或急進派，我也可以是保守派，這是觀念或信仰問題，難以分別好壞。我們可以打擊罪犯，卻不能不修改有礙發展的法律，規章，或制度。維持社會活力的最好辦法，就是保持競賽規則的合理化。使每個人都有機會在公平的基礎上爭權奪利，這就是我們所說的開放社會。

（《中國論壇》25卷10期，77年2月25日）

社會向那裏走？

有客來訪，談到下面幾個問題。

問：我們每天打開報紙，總會看到一些殺人、自殺、搶刼、貪汚、詐欺之類的新聞，是不是由於社會複雜了，人性就變得更險惡，以致於不顧他人財產和生命的損害，只是爲了滿足一己的衝動和利益？

環境與教養影響深遠

答：人性究竟是個什麼樣的東西，是很難說的。從前孟子說人性是善的，所以主張仁義教化；荀子說人性是惡的，所以主張用法去約束行爲；孔夫子只說，「性相近也，習相遠也」。根據他們的說法，環境對人的影響很大。這種環境當然是包括人在成長過程中的一切活動範圍，無論是風俗習慣的、法律的、制度的，還是某些特殊團體的。我們原來是農業社會，大家都長久或世世代代住在一個鄉村裏，不但彼此認識，而且彼此了解，要做壞事自然不容易；現在的城市社會，彼此就隔膜多了，又是那樣的奢侈繁華，一些原來環境不好或教養不良的人，也許就因而容易走上歧途，乃至犯罪。

近朱者赤，近墨者黑

問：你所謂的環境和教養，究竟指的是什麼？我們在新聞傳播上看到一些犯罪的青年人，不但年輕力壯，而且不像是作奸犯科的樣子，問題究竟出在那裏？難道眞的沒有辦法挽救嗎？

答：這要從兩方面來說：一方面是爲什麼有些人犯罪，有些人又不會犯罪；另方面是挽救的問題。我提出環境和教養兩個原則，主要是根據我國社會的行爲習慣。我們常常說「近朱者赤，近墨者黑」，就是指在什麼樣的環境下，就可能產生什麼樣的行爲。這個環境是指家、村莊或社區、工作機構、遊玩場所，各種各樣的法律、制度，對於人，特別是青年人的行爲，都有鼓勵或約束的作用。假如這些環境是好的，合乎社會規範要求的，人的行爲就會有正面的傾向，否則，就是負面的傾向。

家和社區具教育功能

家和社區是最早具有教化作用的環境，我們說陶冶性情，就是要把人導向社會所要求的性格和行爲模式；如果家和社區不能發揮這種作用，那表示個人在早期的行爲訓練是失敗了。這種訓練失敗的人，雖然不是百分之百的會去犯罪，但容易產生偏差行爲，可見加強家和社區的教化功能，是工業社會的重要工作。

這就必須要求父母和社區負起責任。所以，工商業社會中的父母，不管是從事那一種行業，都不能製造職業上的藉口，放棄或疏忽對子女的教養責任；我們甚至應該使用某種規則或輿論來制裁這類不負責任的父母。如果眞的無法對子女負起教化的任務，那就不必生育，這在西方社會也是常有的事。社區就比較困難些，但是，如果能發揮我國村落素來的自治精神，不論是城市或鄉村，都可能產生以前那種「十手所指，十目所視」的嚇阻作用，事實上也是一種相當嚴厲的約束。

問：這樣就可以重建社會秩序嗎？社會的理想發展目標究竟是什麼？每個人又應該如何為社會國家盡一分力？

答：學校教育也是一種重要關鍵，它必須配合家庭、社區的道德訓練，身體力行；實際不僅如此，各種機構，特別是行政機構的領導階層，尤應身體力行。中國文化相當強調上行下效，至少目前還有這種傾向，如果領導階層不能產生行動上的領導作用，則重建社會秩序的目標將遭到挫折。

追求民主自由待努力

工業化和經濟成長已經替這個社會帶來繁榮和富庶，可是，這究竟不是人類生活的唯一目標。現在的人是生存和生活在一個世界體系中，我們對西方的文化和社會，已不再陌生。當我們貧窮時，希望所得提高，如西方社會；當我們的政治和外交遭遇困難時，希望提升民主政治和打開外交逆境，如西方社會。所以，我們要求降低犯罪率，重建社會秩序，目的不僅在安全，而是盼望把社會推向更積極、更理想的境界，特別是為了政治民主和社會自由。

（《自立晚報》，74年2月11日）

臺灣社會發展的可能趨勢

蔣總統經國先生的去世，顯然替我們這個社會帶來極大的震撼，然而，在四個小時後，就把國家的統治權移交給李總統登輝先生，這不能不說是我國民主政治上的一大成就。開發中國家的最大隱憂，不完全在經濟的落後，而在於政治的穩定性不夠，尤其在政權轉移的時候，通常都會因黨派或個人利益而產生暴力行爲，甚至引發流血政變。這在第三世界是屢見不鮮的事，結果是政治利益爲某些集團所得，犧牲生命財產的卻是一般人民。

政權轉移和平順利

我國這次政權的和平轉移，應該是政治發展中一個成功的例子，也是全國人民所表現的最高政治智慧。蔣經國先生近年來所推動的經濟發展和政治民主，是穩定這個社會的最大力量，這種力量也表現在這次政治轉移的形式上。不管中國未來的發展如何，我們認爲，臺灣已有的經濟成就和政治民主化基礎，將使蔣先生在歷史上獲得極高的評價。兩千多年來的中國人民，一直在民生貧困和君主專制下過日子，從來沒有像臺灣近幾年來的繁榮和生氣蓬勃。

人民權利意識擡頭

這顯示一個事實，像中國這樣的社會，即使是政治運動，政府的主動讓步或接受壓力，也有加速發展的效果。最主要的還是，在這樣的互動過程下，人民已經隱隱約約的知道，自已有些什麼權利。許多社會運動和自力救濟，因而不斷發生，可以視爲人民權利意識的覺醒；另一方面，官員和議員也就不得不特別小心，在處理公務時，必須顧慮到人民應有的權利，這可以視爲官僚組織功能的重整。這樣的運作，其實就是一種高度的理性取向，各爲自已應有的權利、義務而努力，而不是用暴力去打倒對方。社會秩序就是建立在這樣的理性基礎上。

依照這種趨勢，未來臺灣的社會秩序，套用一句流行術語，應該可以「在穩定中成長」。成長就是越來越安定的意思。我們看不出爲什麼還要亂下去，眞要亂的話，這幾十年辛苦得來的經濟和政治成就，可以在頃刻之間化爲灰燼。

必須維持社會安定

無論是來自內部的暴力事件，或來自外部的武力干涉，臺灣的工廠即使不停工，對外貿易也做不成了，這會立刻使得經濟衰退、公司倒閉，而政治也不得不退回到軍事管制的局面。這不是我們所願意的，我們也盼望所有在政治舞臺上活動的人物，千萬不要冒這個險，以社會秩序作爲爭取私人權力的政治籌碼。臺灣是一個海島式的政治、經濟形態，經不起任何風險。

為了臺灣的前途，執政黨自應走繼續開放的路線，使臺灣成為一個百分之百的民主社會。也就是說，如果目前還有什麼制度和條件妨礙民主政治發展的話，執政黨可以不必等待人民或反對黨的爭取，而主動修改政策，以加速民主化的步調，這對整個社會和經濟的進一步發展都是有利的，不僅政治民主而已。另一方面，政黨間的競爭，將會越來越激烈。民進黨、工黨，或別的什麼黨，對於在選舉中贏得選票，乃至掌握政權，都有極大的興趣；國民黨能否突破困境，繼續贏得選舉，將涉及許多重要的變數。黨內民主以及選民在政治上的自主意識，在未來政治發展上，都有舉足輕重的作用。

民主步伐越走越快

選民的自主性可能跟個人的階級利益有很大關係，企業家會繼續壓迫政治團體，以獲得經濟上的利益；勞工階級，不管是那一個行業的勞工，會利用工會去爭取個人的權利；中產階級也許會走得慢一點，但同樣會在輿論和選票上發揮他的影響力。所以，在可預見的將來，政治民主的開放速度必然會越來越快，不管你是屬於保守派，自由派，或急進派，都必須在這個前提下，為臺灣的社會發展盡一份力。

（《自立晚報》，77年1月日25）

公平而安全：一種令人嚮往的社會

我們可以說，沒有那一個國家的政府，不在追求經濟成長，已開發國家追求更高的消費，開發中國家追求工業化程度升高。作法有些不同，目標總是一致：增加財富，改善生活。然而，這種增加和改善的極限究竟在那裏？這種追求成長的競賽是否合適？舉個例，假如有甲、乙兩國，甲國的國民所得爲美金一萬元，乙國爲一千元，每年各增加百分之五和百分之十，十年後，甲國爲一萬五千元，乙國爲二千元。外表看起來，乙國增加了一倍，甲國祇增加一半，實質所得增加，乙國卻僅是甲國的五分之一。這樣的比賽，對開發中國家顯然不利，何況這些國家還有更多不利的因素，如政治不穩定、軍事干預等，幾乎無法維持較高的成長率，這就更加深了第三世界的長遠落後程度，那裏還有能力參與競賽？

國民所得距先進國仍遠

就以我國來說吧，國民所得從美金幾十元增加到目前的三千元，費了幾十年的時間，贏得亞洲小龍的美譽，結果如何呢？幾十年前，我國落後瑞典、瑞士甚遠，幾十年後的今天還是很遠（按 1980 年，我國國民所得 2,101 美元，瑞典 12,968 美元，瑞士 14,774 美元），追趕了三十年，仍然趕不上他們所得的零數，實在令人喪氣。這不僅是一場不公平的比賽，而且沒有止境。

照這樣推算下去，開發中國家在達成經濟發展的目標上，幾乎毫無希望，即使使用原料和初級產品賺了點錢，還不夠用來買飛機、戰車、槍砲，以及各種各樣的機器。在這種情況下，我們是否可以另找出路？例如，不必盲目追求成長，在適度的經濟條件，努力於建設一種表現自我文化的生活方式，使每個人在生活上都感到某種程度的舒服和滿意，社會自由、經濟平等、政治民主，沒有恐懼和迫害。這樣的社會，不是比追求高所得還合算得多？這不就是儒家思想幾千年來所尋求的大同世界？沒有一個理論可以證明，這種理想的社會必須建立在一萬或二萬美元的國民所得上，我們以為，我國將來的社會發展，如果朝着這個方向努力，將會有很不錯的成績。達成這樣的目標，自然也不是件易事，有些困難，必須設法克服，否則，恐怕仍然只有跟着經濟大國後面走，毫無選擇餘地，不可能塑造出新的工業文化形象。考慮下述幾種意見，也許有助於發展的設計。

(1) 公平就是做到合理的分配，使社會上大多數人都獲得相對的滿意。孫中山先生提倡「均權、均產」的觀念，就是着眼於公平，這是中國歷史上的優良傳統，孫先生把它具體化到可以實行的程度，西方在資本主義的企業家控制下，到今天還只能用模式計算所得差距，無法形成可行的制度。我國的三七五減租、耕者有其田、公地放領諸政策，做得有聲有色，其成就遠超過歷史上任何一次土地改革；這些改革，不但對農業社會有利，對臺灣的工業化也具有積極的作用。

但是，對日戰後在大陸上的二五減租為什麼失敗了？目前的都市平均地權為什麼不能進行？為什麼無法抑制資本家利益的過度擴張？顯然受到既得利益階層的阻撓。我們無意否認企業家的能力和辛勞，但也不能忽略投機、特權，以及機會的不均等諸因素。政府有義務在政策上照顧全體國民，除了資本家，還有工人、農民、軍人、公務員。這就是財富上的公平分配問題。

瑞典分配模式最值得參考

目前全世界大概有四種分配方式：第一種是資本主義式的，如美國，大量製造大資本家，也作點社會福利，允許工作人員有對抗的發言權；第二種是共產主義式的，如蘇聯，號稱共產，實際是資本國有化，明顯的爲官僚特權統治，國民只是工作的工具；第三種是獨裁主義式的，如第三世界，爲統治者與被統治者的對立；第四種是社會民主主義式的，如瑞典，培養資本家，也抑制資本家勢力的過度擴張，並用理性的福利政策以救濟低所得者，不僅經濟的相對平等性相當樂觀，政治民主也有極大的成就。我們認爲，四種分配方式中，以瑞典模式最值得參考，鼓勵賺錢並不等於承認資本家的壟斷特權，這一點最要弄清楚。

(2) 改變觀念，把職位、權力取向調整爲社會責任取向。社會的珍貴資源，以兩種最爲重要，一種是前述的財富，另一種就是政治權力。在民主國家，公民把主要的公職人員選舉出來，就是爲了有效執行政策。公職人員，特別是高階層的公職人員，就任以後，明顯的是以完成公民所託付的任務爲要件，職位和權力，不過表示其工作的合法性而已。這就是說，官員如果無力推動工作，或產生政策上的錯誤，就應該承擔責任，並自動辭職，以交還他的行政權，讓選民或更高階層的人另行選擇。這是民主社會中權力分配的理性方式。

公務員應改變既有心態

可是，事情往往不是如此，許多不稱職的人佔着職位不肯離去，正應了國人官場中的老話，「好官我自爲之」。我們不否認，每個人都希望事業上有成就，成就的象徵又不外職位、權力、財富、聲望之類，這就難免不專注於報償，而忽略了社會責任。我們看到許多官員，勇於負責、任事的實在太少，追求權力、職位的又太多，總想一步一步往上爬，而不管自己的能力和責任。這顯然是行政體系本身有了問題，無法鑑定官員的工作效率，缺乏人事升遷上的正常策略，使公職人員可以在不求有功，但求無過的情境下，不斷獲得職位與權力。這很不合乎權力公平分配的基本要求，必須有效調整，使公職人員能從職位取向轉變爲社會取向。

(3) 調整不適用的法律和制度，使社會行爲具有預測效果。社會上人與人之間能互相信賴，維持合作關係，主要是靠一些具有共識基礎的價值觀念、法律、習俗、制度一類的東西。例如，孝順父母會贏得社會讚許，不誠實會招來責駡，搶刼會處重刑，貪污會受到懲罰，諸如此類，就是讓行動者有所遵循，旁人可以理解，產生行爲的預期效果。社會秩序就是這樣建立起來的。

法令規章必須因應需要

可是，在日常生活中，我們已經許多事情無法如此預期，例如，經濟詐欺事件層出不窮，詐欺者不但逍遙國外，還可能在國內逍遙法外，顯然法律和制度出了問題，我們爲什麼不能緊急修改法令、規章？我們有不少法律、制度還是幾十年前在大陸時期所訂的，怎麼能適應目前的工業社會生活？在工業社會中，法制如不能應付事實的需要，所帶來的損害會比沒有制度還要大。

暴力犯罪也一樣，有些是個人性格上的缺失，有些是教養不良，有些卻可能是制度引起的。任何犯罪，犯者本身都脫不了責任，但是，如果制度也有問題，我們爲什麼不卽刻修改，以阻止犯罪的來源？交通混亂、竊盜猖獗，都與法令、制度有些關係，不是不適用，就是執行不力。以致誰都無法預期社會行爲。如果不讓社會秩序繼續惡化下去，就必須及時修訂不適用的法律、制度。

(4) 安全是穩定社會最有效力量。如果有人覺得他的處境不夠安全，就會設法離開；如果許多人都覺得不安全，就會造成社會的混亂。安全的條件是什麼呢？那就是開放、自由、平等。任何一個社會，如果做到了政治民主，經濟平等，社會自由，這就算建立了它的安全體系，沒有人會想離開。民主有許多壞處，例如受政黨的操縱，金錢、黑社會的影響；但它至少有兩種好處，一是在權力轉移時，不必挑起暴力行爲，甚至殺害無辜國民的戰爭；另一是在法律範圍內保障國民的言論、思想、行爲的自由和安全。

以行政措施達成終極目的

我們以爲，一個有效政治體的最大目標，就是建立一個公平而安全的社會，所有行政上的措施，都是爲了達到這個偉大目的的手段。

（《中國時報》，73年6月23日）

和諧社會的財富與權力分配

假如把社會發展當作一種有計劃的改變，則對未來的歲月作一點安排，可能並不是完全沒有意義的事。一個社會，將來會變成什麼樣子，本來很難預料；但我們爲了獲得較好的成果，就不能聽天由命。俗話說，「世間無難事，只怕有心人」，就是強調把握主觀力量，創造機運。

抓住機會・善加利用

三十多年的安定，給了中國人一次實踐的機會，證實國人不僅有能力安排社會秩序，也有能力在工業化過程中，維持經濟成長。這不是一件小事，因爲它說明了，早期中國現代化的不成功，癥結可能不在於儒家倫理或家族制度；而在於沒有一個長久安定的社會環境，有效的行政體系，以及免於國際干預的經濟活動。這種狀況實在非常明顯，日本的現代化工作曾在內亂與二次大戰時停頓了；俄國的早期工業化運動，在內亂時也停頓了；現在的開發中國家，由於政治社會的不穩定，根本無法進行工業化工作。我的意思是說，藉着目前這種比較安定的環境，還可以做出許多原來在歷史上無法完成的工作，抓住機會，善加利用，爲後世建立一個讓人懷念與學習的中國社會模式——這就是傳統儒家所嚮往的富裕而和諧的大同世界。

要看今後努力程度

從各方面來看，目前的社會確已具備了較大規模改革的條件，但能不能達到上述的境界，還要看我們今後努力的程度。在歷史上，我們有過無數次的改革運動，但幾乎每一次都遭到挫折，甚至夭折，最後終至演變成流血的動亂，改朝換代，使我國的政治史形成一種「一治」「一亂」的二分天下。所謂「治」，其實也非眞治，祇不過殺伐久了，大家休息一陣而已。爲什麼會這樣呢？抗拒變遷的力量太大，條件不夠，還是改革的方式不合乎要求？我以爲其間可能是一個非常複雜的因果關係，不容易澄清。不過，有一點是很明顯的，所謂改革或革命，大抵不是爲了財富，便是爲了政治權力。

歷史上許多戰爭，有些是爲了生存，爲了財富的分配不均；有些是因爲政治不良，因爲權力的分配不均。所以，任何改革運動，必須看清楚這點，即把改革的目標放在經濟權和政治權的均衡分配上。也就是，如何使財富增加，而且人民的所得差距又不太大；如何使權力穩定，而人民又有擴大參與的機會。財產權和政治權是社會的兩種有限資源，也是稀有資源。有些人，特別是少數人掌握太多的話，其餘的人就必然太少。這個時候，如果沒有適當的、合理的權力轉移辦法，就會發生問題。

合理的調整兩種資源

所以，如果我們企圖在未來的幾年內，建立一個團結、和諧與均衡的社會，對於這兩種資源的分配方式和策略，就必須設法加強，並作合理的調整。

就財富分配而論，據政府公佈的數字，貧富差距不是理論上那麼大，而且比許多早期開發國家爲理想，這自然令人高興。但是，事實上的問題還是存在。最主要的是，在政策上，我們究竟要把這個社會的財富作那種類型的分配？如果是美國式的，很顯然，我們將要忍受由資本家控制經濟權和選舉權的不良後果；如果是中國式的，就必須考慮「均」的問題， 孫中山先生提出「平均地權」與「節制資本」兩個觀念，是有歷史淵源的。中國歷來不是一個富裕的國家，無論政府或人民，均依靠土地爲生，土地是財政的主要來源，因而歷史上的改革者，莫不以地權的重新分配爲重要條件。臺灣的耕地問題差不多已經解決了，但是都市地權問題卻越來越嚴重，因爲不僅都市地價暴漲，而且都市範圍在日益擴大。這種情勢不及早加以控制的話，將來就會使早期的土地改革成果毀於一旦。

在經濟發展的過程中，也許需要扶植許多資本家，但長久而過份的保護，不但有違節制資本的美意，而且在形成了經濟的特權階級以後，一方面顯示財富的分配不均，另方面也會給政治上添不少麻煩，因而，採用某些適當的方式，使財富獲得重新分配，是一種必要的過程。可行的辦法之一，就是適度的加強福利措施。有些人反對太多的社會救濟，怕走上英國的老路。我以爲這是過慮的，第一，與英國的救濟事務相較，我們還瞠乎其後，而且我們可以不走英國的老路，只要量力而爲，不必強調用財政赤字去從事社會救助工作，情勢就不致壞下去；第二，社會上有許多人因能力較差，智慧不足，或其他特殊原因，無法謀生，站在人道的立場，政府和社會都有義務予以救助。退一步說，如果不採適當措施，而聽任社會的財富分配過於不平均，這個社會就無法安定，這不是人民之福。政治權力的分配，有時候比財富更敏感。但中國歷史上的政治家，從來沒有設計出較好的辦法以解決權力分配問題。在國家的層次上，通常是一個不肯讓，一個認爲彼可取而代之，就只有動武，以奪取中央政府的統治權；在個人的層次上，無論文人或武人，一窩蜂的獵取功名，明爭暗鬥，以爭權奪利。這都是權力分配的不平均，而造成社會的擾攘不寧。

勇於為國家付出代價

目前實行民主政治，權力問題容或沒有從前那麼尖銳，但還是有衝突。政治的現代化目標，主要就是要把權力集中的現象加以分散，以及讓大眾參與各種各樣的政治活動。這不是要剝奪某些人的權力，而是加強所有國民對政治事務的認同感和責任感。只有在這樣的情況下，人民才會勇於爲國家付出代價，挽救危機。我們必須承認，在民主政治的體系中，選民、國會和政府，是一種權力上的三角關係，它們最佳的運作方式，就是權力分散而功能整合；任何一方的權力太大，都會影響平衡的政治效果。

在目前穩定的社會基礎上，我認爲我們有足夠的能力去制訂策略，用以建設一個團結而均衡的和諧社會。只要我們願意拿出勇氣和魄力，就能在財富分配和權力分配上，作出合理的調整與安排。

（《聯合報》，69年12月31日）

建立一個自由安全的社會

民國四十二年十一月，　蔣公發表《民生主義育樂兩篇補述》（以下簡稱《補述》），其中第一章第二節〈自由安全社會的建設〉，就是替我國未來的社會發展畫出一個藍圖，這個藍圖的本質卽是基於「自由與安全」。這實在是三民主義精神的一大發揚。

〈自由與安全社會的建設〉共分六部份，卽：(1) 農業社會向工業社會的轉變；(2)社會組織不能適應；(3)自然趨勢與人爲的災禍；(4) 社會的演變與社會改革；(5) 建設實業於合作基礎之上使勞工得到娛樂幸福與自由；(6) 爲自由安全社會而計畫。從社會學的觀點來看，這六點又可以綜合爲下列三項加以說明：(1) 從農業轉變到工業的社會適應問題；(2) 社會改革的設計問題；(3) 自由安全社會中的政治經濟問題。這些也就是建立自由安全社會所必須理解的重要相關性問題。《補述》對這些問題雖均有詳細的討論，但多半只是指示一些原則與綱領。這裏願就個人能力所及，作若干申述。

社會在轉變期中的適應問題

《補述》特別強調，工業革命後社會組織適應困難的情形。這是一個世界性的趨勢，西方國家首先遭遇了這方面的難題；二次大戰後，開發中國家由於模仿西方的工業化，碰上了同樣的難題。正如《補述》中所說，「舊社會組織瓦解，新社會組織還沒有形成」。許多開發中國家當時所面臨的正是這類困境。這類社會組織的轉變，不祇是家庭結構的改變，如由大家庭或幾代同堂的家庭變成小家庭，由家長決策變成許多人可出意見；就是經濟結構、政治結構、人際關係……也有很大的改變，如國家總生產量提高，城市與鄉村間的溝通增加，一般人對參與政治活動較有興趣。這些都會影響到原來的結構，而不得不及時採取對策，作適當的調整。這種調整，就是使組織的結構和功能獲得良好的運作方式，減少緊張，以維持特定模式和達到目的。換句話說，就是消除混亂，使社會能維持舊有的或新形成的整合與和諧。

我國經過二十多年的工業化運動，經濟成長已相當快速，社會也相當穩定，只是由於世界性的工業化以後，往來交通便利，大眾傳播工具發達，思想的交流特別容易，許多外界的觀念和習俗便隨着傳入我們這個社會。這些新進來的文化對我們原來的社會多半具有某種程度的挑戰性，如自動化機器、政治思潮、學術理論。開始的時候，我們有些怕，怕這些新「怪物」破壞了原來的組織。可是，事實終於證明我們有能力應付這種挑戰；早期的少許挫折，並不能阻礙後期的適應。其實，就中華民族的歷史過程來說，這種經驗也不是第一次，我們已經多次把外來文化「內化」為中華文化。《詩・大雅》說，「周雖舊邦，其命維新」，我國社會變遷的軌跡在周文王已經開始了，當前只是最近的一次。

社會改革的設計問題

《補述》認爲「我們要有計畫的改革社會爲自由安全的社會，我們不能放任社會的自然發展」。這也就是社會科學家所強調的「有計畫的變遷」。這種變遷的設計，必須高度瞭解因果關係和控制變項。

農業的社會組織比較單純，改革所牽涉的因素或變項自然較少。卽使在這樣的社會，設計的妥善與否，還是會影響到成敗，我國歷史上這種例子很多。到了工商業的複雜社會，改革所涉及的因素就多得多了，如果沒有理清楚事件發展的因果關係，卽驟予設計，或驟下斷語，則其成功的機會極少。比如我們要爲改善勞工生活設計，就必須先澄淸幾個基本觀：如何肯定現在的勞工生活沒有達到應有的標準？那些因素導致勞工貧窮？理想的勞工生活標準是什麼？用什麼方法可以使勞工生活達到這種理想的標準？……等等。這樣追尋下去，也許就較有可能收到改革的效果。

實際，這樣還只是技術上的設計，設法找出比較正確的因果關係，避免錯誤，以及建立新的標準。但是，如《補述》所說，「我們要改革社會，必須有社會理想」。社會理想才是改革的眞正目標，技術設計只是達到理想的工具。我們的社會理想是什麼？很多，最重要的莫過於 國父所提倡的民有、民治、民享的公平社會，也卽是蔣公所謂的自由安全的社會。試想想看，當社會上的每個人都快樂地感到自由而安全，豈不是一個非常和諧的理想社會嗎？

自由安全社會的遠景

《補述》中特別強調說：「總理手訂的建國大綱就是達到政治民主的步驟，實業計畫就是建設『經濟民主』的藍圖」。可見政治與經濟的民主和自由是自由安全社會的基礎，也即是我們社會理想的遠景。目前我們先從反攻復國的基地臺灣做起，未始不是一個好辦法。

怎麼做呢？《補述》說得好：「民生主義的社會不是以競爭爲基礎，而是以合作爲基礎。各階級互相依賴，在互信互愛的情形之下共同生活……如此，人民全體都有生活的機會，有完全的自由，並有充分的娛樂和幸福」。「合作」的行動就是不分職業階層和職位高低，大家在互信和互賴的基礎上，共同爲社會而出一份力。

人類的行爲方式大致可以分成三類：一類是競爭性的行動，這類行動由於競爭劇烈，對於達到某些一定的目標有積極作用，但在社會關係結構的互動上是間接而消極的；一類是衝突性的行動，由於彼此衝突或制衡，對於達成目的完全是消極的，在社會關係結構的互動上雖屬直接卻也是消極的；一類是合作性的行動，這類行動不僅在達到目標上完全有積極的作用，在社會關係結構的互動上也完全是直接而積極的。所以，要使社會和諧、整合、而均衡，全民「合作」的行爲方式是較爲合理而有利，彼此的衝突、懷疑、或仇視，只有使社會分裂。《補述》強調以合作爲基礎，正是走向自由安全社會的共同途徑。

（《中央日報》，65年4月4日）

社會在變，觀念也要變

從世風日下說起

這些時候，大家一定在報紙上讀到，或在電視上看到，一些令人不愉快的社會新聞。例如，張三開公司，詐了幾千萬跑到美國去了；李四搞房地產，倒了幾千萬跑到巴西去了；王五做會，標走了幾百萬，人就不見了；還有賣嬰兒的、綁票的、搶刼的、強暴的、殺人的、貪汚的等等，眞是數也數不完，好像這個社會混亂得不成樣子了。有人就說：「人心不古，世風日下」。看起來倒也有點像，因爲許多受害者不是親戚，便是朋友。親戚、朋友，在中國的社會關係圈子裏，原來是最可信任的一批人，現在卻不能信任，這給我們的打擊有多大？教我們去相信誰？我們的社會以前不是這樣，不是「世風日下」是什麼？這的確令人有些煩惱。

世風日下當然不是從現在開始，起碼這個名詞早就有了，早就表現了人的行爲和觀念，常常跟古代不完全相同，常常在變。儘管變得不是很快，不像今天那麼快。今天的確不太一樣，也許是工業化的結果吧，我們的工作和居住，老是從這裏搬到那裏，不像農耕時代，一種工作，一個住所，總是一輩子的事。搬來搬去，人事關係就複雜了，不像從前那樣，周圍全是親戚、朋友。環境變了，人在不同的環境中，行爲和觀念那能不變？不變，就要形成一種所謂偏差行爲。偏差行爲就是不合常規的行爲。每個社會都有些約束行爲的規定（或規範），使社會不致產生混亂，例如：不能不孝順父母、不准吸迷幻藥、不應該做壞事；做了，就是一種偏差行爲。這種約束行爲的規範，每個社會的不同時代，都會有些改變。例如，以前總是聽命於父母，現在就可以和父母討論，甚至爭論了；以前婦女只能待在家裏，現在不僅是滿街跑，根本就是男女平等了。這種變化，爲大家所承認的變化，只能說是「世風日變」，而不是「世風日下」。但是，如果行爲超出了現在社會規範所容許的範圍，和父母吵架、不遵守校規，仍然是偏差行爲。

有些行爲，如作奸犯科、詐欺舞弊，無論在什麼社會，什麼時代，都是犯罪行爲。因爲每個社會都有它的基本道德標準，這些標準是不允許破壞的；一旦遭到破壞，就等於喪失了公理和正義，這個社會就難以平衡，必然混亂不已。所以，誠實，在古代社會是重要的行爲準則，現代社會依然是重要的行爲準則。以科學研究爲例，主要在於發現眞理，從多次的試驗或觀察以求獲得眞的結果；如果不誠或作僞，則結果必然不眞。做人也一樣，彼此都騙來騙去，則還有什麼眞誠可言？這就是說，有些東西是古今不變的，雖然大部分的觀念和規範會隨着時代而改變。

經過幾千年的農業文化時期，我國在近幾十年來，畢竟已向工業化之路邁進，工業化時代就是科技時代，或者說工程師時代。這個時代，有許多重要的改變，也即是，我們生活在這樣的社會，必須追求一些重要而和以前不同的成就，否則，就會失去意義。

這是個科技時代

所謂科技時代，一方面固然是強調科學與技術的重要性，因爲它不僅改變生產體系，加速經濟成長，還可以改善居民生活，提高國家與國民的國際地位。另方面，科技發展的結果，也使許多行爲、觀念或制度受到影響，如人際關係、道德觀念、生活習慣、政治行爲等，都可能產生不同的行動方式。在農業社會時代，誠如古人說的，農之子恒爲農，工之子恒爲工，每個人的生活圈子幾乎是固定的。環境沒有什麼改變，不管是居住環境，還是工作環境，跟祖父時代永遠沒有什麼不同，中國人所說的能適應環境，大概就是這樣。因爲環境根本沒有變，相同的人際關係，能見到的人，不是同族，就是親戚、朋友，上一代如此，下一代還是如此，只要沒有仇恨，就一直維持親密的關係。這種關係，包含着互相依賴和照顧。不變的價值觀念和規範，對父母孝順，對朋友道義，守規矩，樂天知命，幾十年、幾百年沒有什麼差異。這就是當年的農村社會，目前的臺灣農村，或許還保留了一些，但已經不多了。這種社會的好處是安靜、和諧、不緊張，也沒有過分的焦慮，除了偶然的天災人禍，可能是一種無憂無慮的生活；壞處是，在當時農村的普遍貧窮之下，這種生活不僅顯得單調、孤獨，而且相當的落後與無知。舉一個例，我們自春秋戰國發明鐵犁牛耕以來，一直到前些年西方的耕耘機輸入爲止，用了三千多年，沒有什麼改進。在歷史上，我們有很高的文明，有效的行政體系和制度，然而，農村居民卻是普遍的落後。對農民而言，知識，除了記帳外，似乎沒有什麼用處。

當時的農業社會也造就了一批少數的讀書人，在皇帝的指揮下，統治天下。可是，這些人只在大城、小城裏做官，對農村發展沒有幫助，對科技發展也沒有幫助。因而，我們雖曾有過輝煌而長久的農業文化，卻發展不出現代的科技文明。讀書人也有過多次的經驗，試圖爲富國強兵，或爲老百姓的生活作一些改善，但都失敗了。最明顯的是近代的改革運動。早期的自強運動，希望藉「夷人之法以制夷」，達到技術改革和製造優良兵器的目的，結果失敗了；後來又有戊戌變法，希望從制度上的改革著手，以期國富兵強，結果又失敗了；最後發生了思想的改革運動，想從科學與民主的道路挽救國家命運，並建立一個富強的中國，然而，還是失敗了。

這三次改革運動或現代化運動的徹底失敗，有人說是反對者的勢力太大，有人說是倡導者的方法不合適，也有人說是儒家文化對科技發展有阻礙力量。眞不知道問題究竟出在那裏。好在臺灣三十多年的成就，使我們有機會回頭去認識歷史，當年的失敗旣無關改革不力，也無關儒家文化；根本就是因爲環境不安定，國際干預太多，國內禍亂頻仍，救死惟恐不及，那裏還有能力從事建設？臺灣的工業化成果，除了人民和政府的努力外，一個免於外國人干涉以及持久安定的局面，是其主要因素。試問如果臺灣是一個打打殺殺、戰亂不已的地方，還有誰願意在這裏投資、設廠、辦銀行、做生意？我們不能否認，人民的努力工作是促使經濟成長的重要因素之一，但光靠努力不能解決所有的問題，還必須具有好的環境與政策、足夠的資本與技術，以及高水準的知識程度。

臺灣第二階段的經濟發展，就需要高度的技術，技術不能升級的話，經濟的進一步成長將不容易，甚至不可能。現在的工業國家，如英、美、德、法，或瑞士、瑞典，固然也賣些紡織、電子、農產品之類的東西給外國，但最主要的還是出售精密機器和精密武器，以賺取更多的外滙。這需要高度技術，沒有技術就只能買機器或武器，永遠跟在人後，而且還受人扼制，說不賣，就不賣，哭也沒有用。所以我們說，這是一個科技時代，或者換個名詞，工程師時代。工程師的重要在於發明新的技術，但作為重要的工程師又必須具備認眞與誠實的性格；認眞才能找到科學的眞理，誠實才有機會去肯定尋求眞理的是與非。所以，即使是科技時代下的工業文化，科學、技術、知識、道德仍然是並重。

工業文化

工業化的結果，可以使人民的生活獲得改善，可以使國家的國際地位得以提高，這是好的一面；但也有負面的影響，污染環境，使居民健康受到損害，改變生活習慣，使居民行動必須重新適應。這還只是一種過程，不能算是工業文化。工業文化不只是表現在開工廠、修馬路、到國外做生意、維持經濟成長，這些表面的經濟活動層面；還必須建立一套工業的生活方式，包括新的行動模式和價值體系。像臺灣，目前還在工業化的過渡階段，已經相當明顯的顯示一些工業文化的特徵，例如工業與服務業人口越來越多、城市擴大、職業分化增加、人際關係逐漸轉變、規範和價值觀念大幅調整等等。臺灣由於還在工業化的過渡期間，許多現象正經由適應、調整的過程，以期達到建立具有普遍性的工業文化模式（特殊性容後再討論）。這種工業文化的一般特質，大約可分幾點說明。

第一、財富與權力稀有資源的合理分配。由於工業化和對外貿易的增加，國家和人民的經濟資源也必然增加。在這種情況下，如不運用政策對財富加以適當的控制，使所得作較為合理的重分配，則社會上的貧富差距勢必加大，引起更多的社會問題。所謂運用政策，目前在先進工業國家已經實行並且有效的，不外兩途：一是用租稅的辦法予以平衡，如所得稅；一是用社會福利的辦法作爲救助，如幫助低所得者。這種辦法是馬克思在搞共產主義時沒有想到的，當初，他只看到資本家的剝削和勞工的貧苦，所以他預測資本主義社會將來必然完蛋；想不到後期的西方政治家用上述辦法克服了困境，使勞、資兩蒙其利，使共產主義在北歐、中歐、西歐，乃至北美均無法擡頭。這也就是爲什麼我們不能忽略公平的稅收和社會福利諸問題。這種方法，跟我國的大同精神也相當符合，所以不僅是人道的，也是理性的策略。其次是政治或權力資源分配問題。全世界的農業社會，在政治形態上有一個特徵，卽是差不多都是君主專制，或他種獨裁形式，也可以這樣說，穩定而彼此孤立的農村社會，有助於建立一種便於控制的專制政治。反過來，工業社會的交通發達，人以集居於都市及工業區，知識程度提高，居民的溝通多而快速，大眾傳播尤其便利，經濟情況較好，參與政治活動的興趣較大等等，這一切因素，均不利於專制，而有助於民主政治的發展。民主政治實際就是解決權力分配的較佳辦法，至少以我們現有的政治智慧，想不出更好的辦法，雖然也有缺點。

第二、普遍性的社會規範和價值觀念。農業社會的價值和規範，一般趨向於特定範疇，尤其是中國的傳統社會，受到五倫的影響，對於五倫範圍以外或不認識的人，往往有排斥作用。把人際關係切成兩半，一半是「熟人關係」，可以信任；一半是熟人以外的社會，或曰「陌生人關係」，不可以信任。這在自給自足性的農業經濟體系中，大約還可以維持其社會秩序，不致發生危機，因爲社會的孤立性較高，流動性較少。但到了工業社會，不僅居住、職業的流動性高，經濟上更是一種互相依賴的體系，沒有誰可以獨自生活。每個人都有機會，並且必然有機會，從一個熟人社會跑進陌生人社會，從一個陌生人社會又跑進另一個陌生人社會。因而，我們在規範上不能畫小圈圈，在觀念上也不能限於特定範圍。從好的一方面來說，我們應該相信每一個人，不論熟人還是陌生人；從壞的一方面來說，我們又應該防備每一個人，也不論熟人還是陌生人。這就是爲什麼要盡速建立工業社會規範和價值取向的道理，因爲它是工業文化重要因素之一。

工業人的危機感

爲什麼有危機感呢？怎麼會沒有，老張看了誘人的投資廣告，把幾十年辛苦積蓄的二十萬投下去，盼望一本萬利。誰知過了不久，公司倒了，老張的二十萬血本無歸。李先生利用公司名義，向親戚、朋友做了幾十個會，利息高達百分之三十，結果幾百人被吃掉了。諸如此類的故事，幾乎每天都在學校、社區、公司、團體、機關中重演，儘管人物不同，結果卻是大同小異，焉得不使人對社會關係產生危機感？

這些人原來就是利用人們舊有的觀念、規範和關係，以達到詐欺的目的。在熟人的社區關係中，沒有人敢於公然騙財，因爲每個人的生活都離不開他所屬的小圈子，社會資源限制了他的行動，道德規範也限制了他的思想。一旦到了工業社會或都市社區，原來許多的束縛沒有了，人的觀念卻沒有變，自然給一些歹徒以可乘之機。人吃了虧，不曉得反省，爲了保護自己，只好去責備別人。其實，這種危機感十足顯示出對工業社會適應上的困難，可以從兩方面來了解。

一是個人的適應困境。一個人要在生活上過得舒服或滿足，必須在三方面有操縱能力：其一爲調整物質上的需求，其二爲確定可能的社會關係，其三爲預期行動上的結果。在農村的旣定關係中，這些都沒有問題；到了都市，旣沒有可資利用的關係，以調節物質或精神上的需求，又因觀念和規範上的不同，無法預期行爲的後果，因而難免會顯得無所適從，產生一種孤立和無助感。從前，把錢借出去，連借條也不用寫一張，到時候就歸還了；現在，有了借條也不一定能收回成本，如果沒有抵押品的話。從前，說話算數；現在，提出保證也不見得有效。這使這些都市裏的農村人感到非常困擾，是非究竟在那裏？難道沒有任何東西可以約束人的行爲？沒有規範嗎？

二是羣體的適應困境。中國人的羣體行爲，除家庭外，大約只有同族、同鄉、同年之類，同學會、同業公會一類的組織都是後起的團體。西方社會傳過來的俱樂部、利益或興趣團體、政治團體、學會、商業團體等，對於國人一直有種生疏感，總不知如何參與。這實在是兩個不同的世界，中國人從來就是生活在熟人的社交圈裏，有個「同」的關係就可以說明一切，比如閩南人到了新加坡，只要找「同鄉」會館，什麼問題都可以解決。可是，至少近幾百年來，西方人除了家庭和教堂外，就是靠各種「社團」過生活，社團是沒有界限的，誰都可以參加，只要有興趣，能滿足社團所要求的條件，比如交會費、遵守會章等。許多志趣相同或相若的陌生人組織起來，就是一個社團。所以他們不僅習慣於過這種生活，事實上，這根本就是他們生活的一部分。例如，英國早期的費邊社，是一個聞名世界的政治社會組織，其實只是一個社團而已。美國的社會學社，不只是選主席、開年會，還出版了六、七種世界性的社會學定期刊物，直接推動了該學科的發展。反觀我國，學會只是開年會、選理監事，顯然不是西方學術社團的原意，但我們都在這樣做，並且似乎不知道該如何利用這些社團，使它發揮應有的功能，或使團體成員產生更大的作用。

這就是說明，個人在工業社會裏有更高的焦慮感，在羣體中有更多的疏離現象。舊的社會規範和價值觀念，在「工業人」關係中不適用，新的又尚未建立，因而對自己的行爲結果不易預期，產生危機感。

重建工業社會的倫理

從前面的討論，我們發現，我國人民正面臨工業化過程中，在行爲和觀念上的一些難題。這是由於幾十年來，物質條件變化得太快，而觀念和行爲跟不上轉變，遂產生脫節的現象。時間久一點，這種不平衡的現象或許會消失。但是，如果不加以有計畫的誘導或調整，則將來究竟轉變成什麼樣子，或走向什麼方向，就很難預料和控制了。

我們常常說現代化，現代化就是一種有計畫或控制性的變遷。現代化不只是經濟成長，也包括政治、社會發展，即一般所謂經濟現代化、政治現代化和社會現代化。社會現代化仍然是一個非常複雜的現象，包括結構分化、角色轉換、規範調整、價值觀念的變化、行爲模式重建等。可見所謂控制性或有計畫的變遷，做起來相當困難。此處只能就我們已經在塑造的「工業社會的倫理」，提出一些看法。

(1) 在生活態度方面，理性應重於情感。在陌生人的工業社會裏，行爲必須考慮其合理性和合法性到什麼程度，而不能純以情感爲依據，或只是顧到面子問題。例如，你要謀職，就應該把條件訂在契約上，而不是憑承諾；在工作上要盡力、負責；對約會要守時，待人應以誠……諸如此類，似乎都是一些生活上的細節；然而，你是不是一個合格的現代人，就看對於這些細節是否做成功了。有些人居住在城市裏還是亂丟垃圾，有些人走在乾淨的柏油路上依然隨地吐痰，不顧大眾而將空氣、河川汚染，爲詐取財物而倒會、倒債，全是不理性的行爲，不能算是合格的現代人。

(2) 在羣體關係方面，普遍原則應重於特定原則。所謂普遍原則就是不分熟人還是陌生人，都持同樣的待遇，而不是差別待遇，就事論事，而非因人而異。我們不是說，到了工業社會，就沒有親戚、朋友、同鄉、家族人等，而是應該把他們與職業團體、社會團體、興趣團體中的成員同等看待。即是對親屬關係與夥件關係的行爲應該一致，兩者同樣重要。你如果不一開始就拒絕陌生人，別人也會很願意接受你；你如果願意把現代的社團與同鄉、同族看作同等重要，則社會關係必然令人十分滿意。工業社會的人是彼此互賴的，事業也是互賴的，不論是熟人還是陌生人，親屬團體還是興趣團體，除了利用普遍原則，你沒有選擇。

(3) 在成就動機方面，科學技術應重於官僚職位。我們不是說，官僚職位不重要，或社會人文學科不重要，而是在現階段我國工業化過程中，迫切需要大量的技術科學人才；在未來的工業升級階段，尤其需要科學與技術上的新發明，以提高我國在工業和貿易上的競爭能力。從個人來說，技術也是非常有用而實際的，它不僅易於謀職，而且易於獲得發明或發現，增加個人在事業上的實際成就和成就感。國人原來推崇的「萬般皆下品，惟有讀書高」，是把讀書當做進入官僚組織的惟一手段或途徑；但現在讀書的功能是多元的，旣爲謀生工具，又是自我滿足的表現。所以，無論從社會的角度或個人而言，發展科技總是有利的。

(4) 在價值觀念方面，進取精神應重於保守。價值判斷是我們行動的先決條件，你必須認爲值得的才去做，不值得就不做。你爲了要改善生活狀況，所以努力去賺錢；爲了要獲得更高的職位，所以努力工作；爲了要取得更好的成績，所以努力讀書。這就是我們所強調的進取精神，也就是進取價值取向。要是一切相信命運，像一些保守的中國人，認爲「命裏有時終須有，命裏無時莫強求」，守株待兎，那這個社會還有什麼生氣，個人還有什麼成就？如果生意人不向海外冒險推銷業務，工人不在生產線上揮汗，決策者不主動爲經濟、政治的發展排除障礙，則社會將停滯不前。要建立一個美好的工業社會，每個國民在政治、經濟、社會價值的各方面，都必須具有積極的進取精神。

(5) 在道德規範方面，實踐應重於理想。我國文化一向強調道德，自孔子以來就如此，並且涉及政治、經濟、社會、個人各個層面；但是，在道德實踐上往往有些偏差，卽說得很多、很響亮，做得卻不夠徹底。許多德性，如誠、恕、信、仁愛、和平，在工業社會也還是必要的，卻沒有人認眞去提倡、去實行。我想，只要稍微做得好一點，社會上的詐欺、貪汚、暴力、搶刼案就會少得多。有人認爲，西方的工業社會只有物質文明，缺乏精神文明。這種說法不確實，以民主爲例，如果選舉都不誠實、不公平，那會有今天的民主政治成績？反過來看，我們今天的選舉發生許多弊端，與其停止選舉，不如在選舉過程中加強選民的道德意識，大家都能誠實、公平，則賄賂、暴力自然消除。道德規範貴在實踐，不實踐的口號，不如沒有。實踐的道德規範必須強調三點：一是平等的，不能有上下等級，不能說在上者可以不遵守。二是平權的，不能有特權，不能說某一類人可以不遵守。三是一致的，不能有雙重標準，不能說在某種情況下可以不遵守。我以爲，假如每個人都能自動加強實踐道德規範，不僅可以減少社會問題，減少犯罪，而且可以加速建立新的工業社會倫理。

我們所以這樣說，主要是把個人、羣體、大社會或國家看作一個連續體，將來工業社會的進步與發展，仍然建立在每個公民的優良基礎上，否則，我們的工業倫理將止於徒託空言。

結　論

從農業社會過度到工業社會，對中國人來說，是一大轉變。這種轉變，除牽涉到國家、社會層面的結構和制度外，還牽涉到個人層面的觀念和行動。如果每個人的觀念和行動不跟着作適當的調整和創新，不僅國家、社會受到損害，個人受到的損害會更大。我們要了解「國者，人之積」，社會是許多個人累積起來的，正如俗話說的，沒有好的公民，那裏會有好的國家？每個人都是大社會的一環，必須每一環都是優秀的，才能構成一個眞正優秀的社會。

正如前面所討論的，重新建構一種新的工業倫理，雖有困難，卻不是不可能。中國原來是一個農業社會，缺乏工業社會所需要的一些精神，如職業道德、社會意識、守法觀念、自我實踐等。我們希望每個人均能秉着這些基本精神，去塑造屬於我們自己的工業社會及其所需要的倫理。我們是具有幾千年文化傳統的民族，對於每個公民來說，它的壞的一面是一個沉重的負擔，但好的一面，也未始不是一種有利的資源。我們希望每個人都能善用這種文化資源，共同爲創造一個新的、獨特的工業文化而努力。

（見文崇一等編，《把握自己的方向盤》，71年）

中國人的變遷世界

從十九世紀末到二十世紀初期，西方和日本學者喜歡把中國社會描述爲停滯的，甚至是退化的狀態。這顯然是因爲當時中國知識分子言必稱堯舜的法古傾向，以及長期不變的農業文化所導致的推論。那時候的歐洲和日本，特別是西歐和北美，已經相當高度地工業化，以工業文化的眼光來衡量農業文化，自然容易產生「停滯」之類的結論，何況一般知識分子又傾向於復古？

其實，就成熟的農業文化而論，中國文化卽使不是最優秀的，也是最優秀中的一種。我們都知道，眞正自發性的工業文化是從英國開始的，其他各國的工業，無論德國、美國、或蘇聯、日本，都是因工業技術和知識的傳播，而逐漸成爲當今之世的工業大國。十九世紀末年，中國跟日、蘇兩國，差不多同時搭上了工業化的列車，可是，我國由於國際列強的干預，內部的政治混亂，以及政策錯誤諸因素，不僅在工業化途中敗下陣來，連農業的穩定性都無法保住。這眞是一個悲劇性的結束，這個結束也使我們贏得了「停滯性文化」的封號，一直到臺灣近幾十年的經濟成長和成就，西方才開始重新評估儒家文化，認爲東亞諸國的工業化成就，可能來自儒家文化的力量。儒家文化於是從原來的停滯性一變而爲現在的現代性，有人甚至認爲，除西方文化外，這可能是第二種現代性文化。

目前我們還缺乏任何實證研究，來支持這種觀點，但至少可以說明，當初有些人批評中國文化的停滯性，完全由於農、工業文化體系的隔閡和誤解，而非文化結構本身的特質所造成。跟工業文化比較，所有的農業文化都有靜態化傾向，因爲農業的技術變革通常都較爲緩慢，像獸力耕作技術，一般都有幾千年的歷史過程。但這不是說，農業社會就是一種不求變的環境，只是變的觀念和過程有些差異而已。中國社會的不變特徵特別明顯，主要由於兩項事實：一是歷朝君主的保守性，只要能維持現狀，繼續掌握政權、能不變就不變；二是利用儒家的某些特殊觀點，曲意解釋，使合於王朝的統治理論。在這樣的情境下，一般就肯定中國文化的停滯性，而沒有進一步作深入的了解。

我無意替中國文化曲意辯護，可是，如果理論脫離了事實眞相，還是有必要加以說明，否則，對中國文化的未來發展，可能會加深對西方文化的依賴性。就舉個比較早期的例子來說吧，《易經》通常被解釋爲討論變遷的書，事實也的確如此；最重要的還是《易傳》，即爲《易經》作注釋的幾種著作。這些著作在歷代都受重視，甚至用來解釋國家社會和個人的禍福、命運，其中有二、三種則以討論自然和人類社會的變化現象爲主體。今天，藉這個機會，我們就來看看，在公元前四、五世紀，春秋戰國時代，距今約二千五百年前的中國人，是如何處理他們的變遷世界。

他們認爲，天、地、人、萬物是一種有機的連繫，任何一方面的行動，都會與其他各方面產生互動的作用，例如天上有變化，就會反應到地上或人類社會，聰明的人就會利用這種機會，對人類行爲提出一些調整的方式，使社會秩序能夠適應新的環境。這不是迷信，而是有機的運作。用現在的話來說，就是自然界的變化與社會的變化，有着相互的對應關係；天地支配了自然界，聖人支配了社會。變化的原則，就是彼此互為反應。怎樣產生變化呢？這有兩種可能性，一種是相互感應，互為影響，這有點像我們所常說的「天人感應」，天與人可以產生交互作用，以維持運作的秩序。另一種是延續性的變化，從結構內部產生分化或轉化，而成為一種新的結構，這可能是受到外力的影響，也可能完全是內部發展的過程。這兩種變遷觀念，在後世都獲得適當的延續與發展。不過以「感應說」為最占優勢，也可以說是中國文化變遷觀念的主流。

感應也不是單純的所謂「交互影響」，從早期文獻資料的說法，大致提供了三種解釋方向：一是兩種力量碰在一起，碰在一起是指相交、相遇之類，力量不一定有大小，就可以產生新的變化，例如天地相交就會產生萬物，或使萬物有相通的機會，看不出力量的大小，只是因偶然的相合而起變化。二是因兩種或多種力量互動而產生變化，這種互動多少含有主動和被動的意義，例如天地感應就化生萬物，聖人感人就使天下太平。聖人就是偉人的意思，他可以帶動社會變遷，以適應天地的變化。三是因互相消長或衝突而產生變化，一種力量大起來，另一種力量就消失或減少，例如陰盛就陽衰，陽盛就陰衰，結果我們所看到的現象就不一樣。這種變化含有比較強烈的克制或壓抑原則，一物或一事興起，另一物或一事就衰落，具有因果的影響作用。這就是說明，在事物變化的過程中，可能有衝突、競爭、或合作，但不見得會影響變遷的目標，過程與目標是可以分開來處理的；特別是衝突，一般人都過分忽略了它的存在，以致把中國文化也視為一種靜的結構，顯然是誤解或不了解中國文化的本質。

為什麼要變呢？變就是要跟上時代的要求，經常觀察自然和社會現象，以了解變的趨勢，「窮則變，變則通」，就是不要被逼到死角裏，才來想辦法；應該在有點跡象的時候，就對相關事物重新作適當的安排，以建立新的秩序與和諧。儘管社會秩序的重新安排，可能造成某些混亂，那也沒有關係，這只是過程上的磨擦或衝突，最後還是會獲得社會的和諧與均衡。只有懂得變的人，才能使社會人民表現長久和積極的活力；變遷是無法避免的，因為只有適時的變，才可能為人民取得必須的利益。

變並不是無窮盡的，也不是完全不可預料的，而有它一定的極限。這種極限就是在物極必反、盛衰循環的規則上表現出來，我們常常說，事有終始，物有損益，就是意味着天道循環，盛極必衰，衰極必盛，否極而後泰來；福中隱藏了一些禍源，禍中也會常有福；就像寒來暑往那樣，一年一年循環不已。人世間的事物，跟自然變化是一樣的，不為失意太擔心，也不必為得意過於誇張，「黃河尚有澄淸日，豈可人無得運時？」這樣的變化觀念，在當時，的確相當合於形式上的推理，並且充滿了命定論的色彩。

這種變遷論，不獨兩千多年前如此，到今天還有很大的影響力；不獨觀念上如此，行動上也相當一致。那就是，承認變為自然和社會現象的必然性，不可避免；變的過程中有衝突，也有順從，目的都是為了社會秩序的和諧與整合；變的方向卻是往復不已的盛衰循環，終而復始。我們知道，類似的循環論的觀念，不只出現於我國，許多別的文化中也出現過，只是不像我國人民，還用它作為行動的指標。這一點，在當前的工業社會，就必須作較大幅度的修正，不然，我們的行為，將可能仍舊為自然社會環境所限制，那就眞的是得不償失了。

總結前面的說法，對公元前四、五世紀的變遷論，大致可以獲得兩個粗淺的結果：變遷是一個階段到另一個階段的必然過程，有衝突，也有合作，可能是交互作用，也可能是內部結構的轉變，變遷是在維持原有體系的運作狀況下，建立新的社會秩序；變遷是一個往復的循環體系，盛衰就象徵這個體系的終始周期，循環不是重複，而是有成長也有沒落的變化，這就是物極必反，而變化無窮的道理。

這樣的變化觀念，不僅對當時事物變化有相當高的解釋力，現在也還有一些影響力，例如，在日常生活中，不少人仍相信「否極泰來」、「三十年河東，三十年河西」之類的說法：風水、算命、曆書，更是與這種循環變化觀念息息相關。不過，我們認爲，兩千多年前有這樣的變化思想，可以算是前進的，推動農業社會的動力；到了今天的工業社會，就不能停止在這個水準上，一方面要避免被視爲停滯性的文化，另方面也應該在原來求變的基礎上，創造出更輝煌的工業文化。

（《台北評論》，3期，77年1月）

應變與求變

依照我國文字字面上的解釋，應變有點被動的意思，受到內在或外來力量的壓迫，不得不作若干變革，以應付新起的挑戰；求變則有點主動的意思，卽使目前情勢不壞，爲了未來進一步的發展，也自我要求改革， 以期獲得更高的成就 。 比如說， 經濟和暴力犯罪越來越多，對社會安全帶來極大威脅，我們不得不設法謀求遏阻；又如目前我國的外交處境十分不理想，不但應該積極開創新的局面，還應該在政策上有新的突破 ，以取得在國際政治事務上的發言權 。前者是應變，後者是求變。但反過來看，如果在犯罪率尚未升高的時候，就制訂有效的防止犯罪辦法；如果在外交政策上只圖保持現有關係，不謀發展。則前者爲求變，後者爲應變。應變與求變，顯然祇是時間上的差別，懂得事先求變的，無論個人、羣體或政府，都有機會獲得改革的主動權。所謂操之在我，其實就是爭取主動權，唯有主動的求變，才有可能達到旣定的目標；而最好的應變辦法，充其量也祇能解除危機而已。所以，我國在當前的環境下， 無論政治、 經濟、 社會、 外交，應變已不足解決問題，必須設法求變。

說實在的，人都有些怕變的傾向，尤其是有權和有錢的人。變會形成一些不確定的情境 ， 很難預測它的結果 ， 有些人怕改變行爲習慣，有些人怕失掉權力，有些人怕失掉財富。因而在我國歷史上，少數人所實行的改革，往往遭到旣得利益階層的抗拒，不論是吳起、商鞅的求變，或王安石的應變，都在中途就失敗了。這種要求變革的失敗，往往導致行政越來越無法正常運作。每一個王朝到了最後，仍不得不用更激烈的手段去解決問題。中國歷史上一連串本來可以不必上演的悲劇，都是因未能及時改革而產生。明顯的歷史事實是，卽使最初不願意變，最後還是非變不可。

早期的儒家，不僅對於變了解得非常透徹，而且多半是主動求變。總是提醒有決策權的人，應該洞燭機先，預為籌謀，在有一點點跡象，甚至還沒有跡象的時候，就要求變。求變是聰明人運用最有效的策略，去調整現有的行為體系，以達到政策目標。就如《易傳》說的，「天地變化，聖人效之」（〈繫辭〉上）。只要自然現象或社會現象已經出現了變的預兆，就立刻設法應變或求變，沒有別的選擇。「跟着變，嚴格執法，人民就會順服」（豫卦彖傳：聖人以順動，則刑罰淸而民服）。這就是因需要而改變政策，對政府、對人民都有利。

照這樣演繹下去，我們就會發現，變，不論是應變還是求變，眞正目的，是尋求社會的永久和諧，是為了國家的安寧。誠如乾彖所說：「乾道變化，各正性命……首出庶物，萬國咸寧。」只有在「觀乎天文，以察時變；觀乎人文，以化成天下。」（賁彖）的原則下，社會才有和諧與整合的可能；如果不能或不懂得因時因地積極求變，就會遭遇困難。「變化者，進退之象也」（〈繫辭〉上），不了解變化，就難以定進退。

從上面所提出來的一些應變或求變的原則，至少讓我們了解，在春秋戰國時的儒家思想中（也許還摻雜了一些別的思想），已經明白分析了「變」的重要性，求變是社會發展上一種不可缺少的過程。顯示早期儒家並不像後人所說的那樣保守，他們雖然強調社會的穩定與和諧，但那是目標，而達成目標的過程，通常需要求變，變是一個階段到另一個階段的必然過程，沒有變就無法建立新的社會秩序。

早期農業社會已經具有這樣的求變思維方式，不能不說是一種積極的進取觀念。我們現在還處在一個快速變化的工業社會，求變態度應該更爲積極，改革策略應該更能符合國民需求，爲新的、良好的社會秩序預作安排，以建立國家的長期和平。

（《中國論壇》21卷8期，75年1月25日）

傳統與現代之爭

自從美國的結構功能學派社會學家，在五十到六十年代，大力提倡現代化理論，不僅在已開發國家造成對學術研究上的影響，成爲一種風氣，在開發中國家則甚至把它當作一種行動的準則，不斷的朝這個方向努力。相當多的人認爲，只要能夠推動現代化工作，就有可能成爲一個現代化國家，這種現代化模式，差不多就是脫離傳統，在行爲上表現一些現代化的特徵，例如職業的多元化，政治參與，小家庭制度，成就取向，世俗化等，都曾經被認爲是必然的趨勢，一方面被當做學術研究變項處理，另方面也用做政策目標去施行。

大部分的非西方國家都受到這種影響，東亞的日本、臺灣、韓國自不例外，至少在學術和政策層面，都有過這樣的潮流，臺灣不僅翻譯過許多這類書籍，做過許多這類研究，開過許多這類研討會，寫過許多這類文章，也在行動上做過許多這類政策設計。我個人也做過這類的研究，希望從價值觀念的層面去了解一些改變，即社會的價值標準和現代化，其間有沒有必然的相關性，當時的想法是，因果關係也許不易判斷，關聯性應該可以找得出來。

事實上，當時第三世界追求現代化目標，幾乎到了狂熱和盲目的程度。他們的目標，不盡然完全合於結構功能派的理論體系，最主要的是，他們希望由因工業化帶來經濟成長，以達到提高國民所得和國家的國際地位，可是，經過多年的努力，不僅沒有達到預期的目標，還產生許多後遺症。貧窮依舊，對工業國家的依賴也依舊。

就在這種失敗的經驗中，拉丁美洲的依賴理論逐漸取得學術界較多的支持。這基於對現代化理論一種強烈的批判，就是西方已開發工業國家，特別是美國所發展出來的現代化指標，是不是適合於開發中國家的處境？假如不適合的話，第三世界爲什麼還要向那個方向發展？這種爭論變成沒有止境的開始，一直延續到今天；世界體系理論不過加深了這種爭論，並且擴大了它的層面而已。

其中最重要之一就是傳統文化的地位。美國的現代化理論，相當程度的強調西方工業文化對經濟發展的重要性，即使不是主張全盤西化，所以有一個時候，現代化、工業化、西化、甚至美化（美國化），在開發中國家幾乎成了同義語，這意味着，要工業化就必須拋開傳統，而學習西方的行爲模式，這種假設的挑戰來自兩方面：一是開發中國家，例如拉丁美洲，雖然引進了不少西方的制度和行動方式，對改變生產關係與傳統社會結構，並沒有多大幫助，即使在都市化區域，這種改變也不大。這顯然有必要檢討現代化理論，對開發中國家工業化的適應性，也許根本就是一種衝突，西方自發性的工業行爲或現代化指標，經由傳播介紹到開發中國家，只有選擇性的接受，並且難以內化。二是東亞的幾個國家和地區，如日本、臺灣、韓國、新加坡和香港，先後突破了所謂傳統文化的限制，而在經濟成長方面取得了領先的地位。特別是後面四個國家和地區，從一九六〇年代開始，突然呈現了快速的工業化和經濟成長，使得西方世界大爲訝異。事實非常明顯，這些國家固然學習了西方工業國家的技術和管理方法之類，但仍然保持了很濃厚的傳統行爲模式，如日本的傳統紀律觀念和宗教信仰，臺灣的家族經營和傳統的價值觀念，不僅沒有阻礙經濟發展，而且相當程度的是在這個傳統基礎上，加速了經濟發展，這都不是現代化理論所能解釋的，現代化理論究竟該如何去調整理論和事實間的差距，可能是一大困境；另一方面，就依賴理論或世界體系理論而言，也未必能完全解釋這樣的發展過程與結果。

這種誤差，很可能是由於對傳統的誤解，或根本不了解。我們生活在現代，旣不了解已開發國家的傳統，又不了解開發中國家和本身的傳統，因而就作出了許多錯誤的推論，把傳統和現代的距離拉得特別大。我們究竟該如何解釋傳統和現代，恐怕還得對歷史上的變遷過程，多下點功夫。

（《中國論壇》24卷2期，76年4月25日）

轉型期社會的困境

這一期的《中國論壇》（七十四年十一月二十五日）出了一個專題，名曰〈轉型期的困境與出路〉一共有十二位作者分別提出高見，他們從各個不同的角度分析現象，或提出主張，大意就是說，一個社會在轉型期中，可能會遭遇一些困難，我們應該針對這些困難及時提出解決的辦法，而不能視爲轉型期的必然問題，就置之不理，以致問題越來越嚴重。

這是一個相當令人困惑的問題，我們禁不住要問：什麼叫轉型期社會？轉型期一定會產生問題嗎？究竟會產生那些問題，局部的還是全面的？這些問題對人、對社會、對國家會影響到什麼程度？這樣的問題，可以一連串的問下去，似乎不一定能獲得令人滿意的答案。

以我們的社會爲例，所謂轉型期似係指從原來的農業社會，因工業化過程，而轉變爲工業社會。這種現象顯然是由於技術的原因，使個人在行爲和觀念上受到影響，而產生改變。理論上說，改變觀念和行爲也不見得就有什麼壞處，問題是一般人都不喜歡改變行爲習慣，通常會自然的抗拒變遷，這是一；其次，在一種快速變遷的過程中，通常會有些容易被接受，有些卻很難，快慢不一致時，就造成行爲上的脫節。這樣，就使社會行爲和觀念表現出混亂的現象，對於社會秩序、對國家政策都有不利的影響。

許多已工業化國家在某種程度內都出現過這樣的危機，美國的某些社會學者把這種現象歸之於技術因素。就開發中國家而言，有時不能完全歸咎於技術；新輸入的制度、觀念，照樣會造成外來文化與本土文化脫節的現象。例如外來的教育制度、文官制度、民主觀念、自由觀念不容易在本土中生根。避孕技術、電腦所帶來的對於觀念和制度上的困擾，都不是容易解決的難題。

我們不能說，因爲轉型期必然帶來一些問題，就坐視問題的延續和擴大。反過來，由於有根可尋，有先進工業化國家的經驗可資借鏡，不僅不難找出病因，甚至還可以做些預先防患的工作，使問題不致發生。但千萬不要偸懶，用一句「轉型期」的話，就把問題輕輕帶過。這樣做的話，將來的問題會更嚴重，乃至不可收拾。

（《民生報》，74年12月2日）

社會秩序之謎

為何如此迷信？

出海捕魚的人，由於設備簡陋，往往無法預知天氣變化，碰到狂風巨浪，除了向媽祖、海龍王求救，還有什麼辦法？有些人在同僚眼中，平庸得看不出有什麼本領，卻就是官運亨通，級級高昇，找不到解釋，只有歸之於祖上有德、風水好。

現在經商的人有幾本帳簿，是誰都知道的事，辦很多公務要送紅包，也是誰都知道的事。可是，就在某些關鍵時刻，有的人過關了，發大財；有的人被查獲，罰鉅款。誰也說不清楚，這中間究竟有些什麼差錯，除了求菩薩保佑。

竊盜被逮着了，他說，這也不是第一次，爲什麼這次被逮？運氣壞。出獄後就猛拜菩薩，希望帶來好運。奉公守法的人也在拜菩薩，盼望帶來好運。兩種人的想法絕對不同，對菩薩的要求卻一樣。

做官就更難說了，有人正在高峰的時候，突然遭到貶謫；有人準備退休，卻好運當頭，平步青雲，不要說別人，當事人有時候都想不到。這不是運氣在捉弄人，是什麼？

這樣看起來，運氣似乎也有規律：誰的運氣好，就上升；誰的運氣壞，就下降。運氣是什麼，神還是風水，也許兩樣都有吧。現在該明白了，爲什麼有那麼多的人去拜神、求佛、遷葬、改運、擇日，或調整辦公桌的方向。

社會上的人，越是無法預期行爲的後果，就越迷信。如果賞不及功，或罰不及過，那麼勤與惰就沒有差別。如果特權可以解決問題，那麼法律和道德就不會有制裁力量。這樣，人民還能信賴什麼？當然只有求神拜佛。

現在我們了解，迷信和特權有十分密切的關係，越是賞罰不公、特權橫行，社會便越迷信，因爲每個人都無法預測行爲的後果。反過來，降低迷信也不是什麼難事，最有效的辦法就是執法公平，消除特權。

有沒有信心危機？

近來，立法院有人質詢信心危機，政府官員說沒有信心危機。社會上有人說有信心危機，也有人說沒有信心危機。理論上說，都可以講得通。這要看個人對「信心」的定義，以及對什麼人而言。農民、勞工、薪水階層的人比較安定，他們可能抱怨薪資太低，對工作、居住沒有太多的選擇性，對政府有怨言，爲什麼行政效率低落而不能改革，到處是貪污而不能抑制？然而，他們不會跑，也沒有能力跑。他們生於斯、長於斯，將來也必然死於斯。信心危機不易表達。

愛這個社會的企業家不會跑，愛這個社會的官員也不會跑。但有些生意人和工廠主，他們早已把資金套滙出國，據說，他們在國內現有的資金，百分之七十是銀行貸款，百分之三十是員工存款。爲什麼會有這樣的行動？道理很簡單，怕一旦發生變故，資本泡了湯。爲什麼會有這樣的想法？誰也不知道，因爲從來沒有人說過。但是，總該有個緣故，否則，不會把錢和家人都送到美國去。美國已經出現許多新的中國城，幾乎全是臺灣移民，這是不爭的事實。那麼多的人和錢逃往國外，總在逃避一點什麼吧，我們不能假裝視而不見。

一般的傳說有兩種：一是害怕發生戰爭，萬一打起來，不能做生意，資本家最怕的就是無錢可賺，不如趁早逃之夭夭。二是看不出政治的穩定性，萬一因政治而引起麻煩，投資就變成浪費，不如離開這個是非地。兩種傳說的眞實性有多大，誰也說不出來，其實只是一種猜測。

我們認爲，這種傳說是可以阻止的，第一，戰爭的威脅，全世界任何地區都存在，南韓、中東、近東、南非，不但受到威脅，而且有些地區已經在打，難道這些國家的國民都一走了之？第二，政治的穩定性完全靠我們自已，別人是幫不上忙的。如果全國國民都懂得理性、民主，使民主、法治制度化，外人對我們又有什麼辦法？我們的決策者也不必隱瞞事實，現在是一個工業社會，工業社會的特徵之一，就是全世界都變成一個情報網，什麼都隱瞞不了，何況我國每年有那麼多的人出國觀光、貿易、留學、開會、洽談公務？我們祇要誠懇的爲國家辦事，沒有什麼不可以公開；公開是取得國民信賴的重要條件，能信賴就會建立長久的信心。

這樣看起來，有沒有信心危機，就未可一概而論。如果決策者處理得當，自然可以轉危爲安，所謂化危機爲轉機；如果處理不當，就是今天沒有危機，明天仍然會出現信心危機。

秩序是為了什麼？

直接受到迷信和信心影響的，就是社會秩序。

秩序似乎沒有一種普遍性規律，因時間、地域而會有些差異。例如周代是一個以貴族爲主的社會，一切的秩序都爲了保護貴族；到了春秋戰國，這種秩序就慢慢的變了，各國諸侯相繼獨立，於是產生不同的社會秩序。當時有些人懷念西周社會的高度穩定性，就說各諸侯國是君不君，臣不臣，父不父，子不子，提出嚴厲的批判。但是從社會發展的觀點來看，這只是兩個不同時代和不同地區的社會秩序的差異。在當時看起來，春秋戰國是一個亂局，在後代看起來，它不但顯現了中國文化的創造性高潮，而且開拓了後期發展的道路，後來秦始皇統一天下，雖也做了不少有益中國文化的事，卻使老百姓在嚴酷的法網下，活不下去；才產生了漢高祖約法三章的故事。現在看起來，這樣的法實在太簡單，可是，當時人民在苦秦苛法之下，越簡單就越能救民於倒懸，越能贏得民心，蕭何可謂找到了安定社會秩序的主力。

這也使我們了解，秩序的好壞，經常因時間、地域而有不同的意義。秩序可能帶來穩定，甚至也帶來社會的和諧與整合。但高度整合的社會，往往忽略個性，扼殺創造的機會，使個人與社會的發展都受到阻礙。可是，如果社會沒有秩序，又眞的會導致天下大亂，個人與社會同樣受到損害。取捨之間，就難以判斷了。

事實上，每個社會或多或少都會有些問題，我們既不必過於緊張，怕問題，也不必刻意忽視問題。問題來了，就設法解決，最後就會把問題降到最低限度，乃至沒有什麼大問題，社會秩序就穩定了，或建立一種新的社會秩序。依照這樣的說法，觀察近一兩年來，我們的社會秩序的確已經遭到某些人的蓄意破壞，例如，許多經濟上的大詐欺、犯罪案件，是有意的破壞經濟秩序；過多的貪污、搶劫案件，是有意破壞法律秩序；製造公共危險、販賣有害人體食品、不忠實於公務，是有意破壞道德秩序。諸如此類，這樣多的違規、犯罪事實，幾乎已經把原來的社會秩序破壞得差不多了。如再忽視，任其繼續擴大破壞力量，恐怕就會爲社會帶來麻煩。這跟春秋時代，孔夫子的有教無類思想破壞了西周貴族知識獨佔的秩序，完全不是一回事。

現在的問題顯然牽涉到三方面：一是許多政治、經濟、社會方面人員的犯罪和失職，看不出有公平解決的方式，破壞了原來的法律秩序；二是許多人都在利用各種關係，無論親戚、朋友，或黨、政，以特權獲取私人利益，破壞了原來的政治秩序；三是社會的功利取向過於濃厚，超越了長期口號式的理想目標，以致人民只看到功利，沒有理想，整個社會成爲一個空架子，連道德意識都模糊了，明顯的破壞了原來的道德秩序。如何積極設法改正這些缺點，重新建立法律、政治、經濟、道德方面的秩序，應是當前最首要的任務，因爲這關係到未來社會發展的成敗。

其實，這沒有什麼秘訣，也不會有什麼困難，祗要決策者能面對問題，誠實而勇敢的做下去就夠了。從來政治上的問題都失敗在鄉愿和因循兩個觀念上，只要能破除情面，勇於執法，全國人民不但會全力接受，而且會全力擁護。在這種情況下，人民自然不會迷信風水和特權，也不會有什麼信心危機。

這個社會是大家的，大家都有權利和義務來愛護它，只是表達的方式不同而已。我們希望殊途同歸，共同來建立並維護一種良好的社會秩序。

（《中國論壇》21卷4期，74年11月25日）

化解社會衝突的可能性

社會學的衝突理論家相信，衝突隨時隨地都會發生，沒有衝突的社會幾乎不可能。他們認爲，過多激烈的衝突，雖可能對既有社會秩序產生負面影響，衝突的基本功能，卻是使社會趨向於更活潑，更能創新；每一次衝突之後，就是社會秩序重新調整的時期，使社會找出更合適的發展路線。顯然，衝突對社會是有利的，衝突可以使人發現社會的矛盾在什麼地方，化解一次衝突，就等於解決一次危機，社會就獲得另一次的發展。

衝突有利工業社會秩序重整

這種觀點，明顯的是來自工業社會的生產和分配體系，這些組織爲適應工業化的需求，經常不停的改變和創新。生活在工業社會中的人，也就不停的面臨許多制度和角色轉換上的衝突，例如勞資雙方有工資和利潤上的衝突，政府和人民有權威和服務上的衝突，買賣雙方有品質和價格上的衝突，執政黨和在野黨有權力分配上的衝突，乃至家庭、社區、學校、公司、行政機構、國際間都有或大或小，或多或少的衝突。社會發展的極終目標固然可以訂爲穩定與和諧，但在追求目標的過程中，由於利益的分配不容易均衡，難免不產生上述之類的衝突，設法用制度化方法化解這類衝突就成爲政策上的重要方向，否則，要企望社會的眞正和諧與整合，無異緣木求魚。

有關政治權力和經濟利益方面的衝突，競爭劇烈，化解尤爲不易，因爲它牽涉到兩種重要資源，權力和財富的重分配問題。就如經濟學家所說，經濟利益是一塊固定的大餅，你吃得多些，我就吃得少些，你獨佔了，我就沒有。政治利益也一樣，你的權力大些，我的就小些，你獨佔了，我就沒有。工業社會無法像封建社會那樣，規定那類人只能做那類事，而是一個高度流動和競爭的社會，競爭就是希望比別人更成功，獲得更大的權力或更多的財富，多的不肯放，少的要爭取，就產生衝突。解決這種衝突，也只有利用制度，作一些必要的限制，把行動納入制度內競賽，使參加競賽的人可以作某種程度的預測，並且信賴競賽規則的公平性。選舉就是一個解決衝突很好的例子，只要競選過程公平，當選、落選都沒有話說。可是，如果在過程中有許多不公平的待遇，則選舉後不但不能解決衝突，反而會使衝突升高，甚至轉換爲羣眾運動。

分配權益大餅要有制度規範

一旦衝突形成，我們便沒有太多的選擇，也許只有兩條路可走：一條是讓衝突繼續升高，到了沒有辦法的時候，就用暴力作爲攤牌的手段。在野的發動人民革命，企圖推翻現有政權；執政的利用軍事優勢，乘機鎭壓或消滅反對派。到了這樣的情況，就沒有什麼好談了，根本就是一種玉石俱焚的想法，即使把整個社會和人民的生命、財產賠進去，他們也在所不惜。中國歷史上這樣的權力鬥爭，已經不只一次，到頭來，犧牲最大的，還是老百姓。另一條路是設法降低或化解衝突，找出衝突的原因，彼此讓步或改善關係，不要企圖用自己的立場去說服對方，在妥協的條件下，總可以找到談判的基點。無論是經濟的或政治的利益衝突，經由不同的制度化方式，就會形成不同的重分配狀況，既可避免兩敗俱傷，又可避免人民遭受不必要的損失。

依照這種途徑去觀察當前臺灣的社會，就不難發現，許多衝突現象，已經持續很久而沒有獲得紓解，長此以往，將來可能會令衝突更尖銳化，這對社會沒有好處。這些衝突現象，也沒有必要一個個的數說，提高到比較抽象的層次，大致可以歸納爲兩類來討論：一類是制度所造成的衝突，許多制度都是農業時代的產物，已經僵化，完全不能應付工業環境的需要，卻因意識形態的限制，不去改變或不願改變，使人民的利益受到損害；另方面由於未能徹底執行制度，使公權力受到挑戰。制度的最大作用是把社會整合起來，在一個體系下有效運作，現在不僅無法發揮這種功能，還製造了更多的衝突。另一類是規範和價值所造成的衝突，法律不能有效制裁貪瀆和不盡職的官員，無法有效控制搶劫、殺人之類的暴行；道德、良心在各行各業中喪失殆盡，什麼壞事都做得出來。本來，價值觀念是判斷是非的標準，法律是解決衝突的最有效手段，現在似乎都面臨威脅。

化解衝突無捷徑只有靠民主

顯然，我們已在一個相當長時期中，不能有效處理因衝突所帶來的危機，化解這類危機，恐怕還得從工業社會的民主制度化層面着手，沒有任何捷徑可循。事實上，天下沒有不可化解的衝突，無論是國際戰爭，還是國內革命——衝突的最高形式，最後總得歸於和平，就看我們理性到什麼程度，以及努力到什麼程度。

（《時報新聞周刊》49期，76年5月5日）

社會脫序久矣

許多人在私下裏聊天的時候，都對現在的社會風氣感到無奈，不知道問題究竟出在那裏？有人索性把它推到資本主義工業社會中功利取向的必然現象，假如眞是這樣的話，倒也心安理得，問題是一些工業國家，如澳洲、日本，並沒有出現這種亂象，顯然我們的社會有些特殊的問題存在，沒有獲得合理的解決。

變化過大朝野準備不及

我們都知道，社會的秩序不可能長久不變，變就必須對旣有的行爲方式加以調整，以適合現實環境的需要，這就可能產生混亂——如果調整的幅度過大，如果與社會預期心理衝突過甚。現在的情形正是這樣，由於工業化的原因，幾十年間，我們要把千百年前遺留下來的生活習慣，作全面的改變，這衝擊有多大？從前在農業社會，歷代改朝換帝的時候，大家都明白，換個年號，變點服飾的顏色就夠了，一切仍舊，生產工具不變，儒家倫理不變，生活方式也不變。這一次卻眞的變得不同了，技術、制度、規範、觀念、行爲都在工業化過程中變得不同了。可是，我們卻沒有做好準備，政府沒有，民間也沒有，於是看起來手忙腳亂，大家亂成一團，這就是我們所常說的社會脫序。

社會秩序其實不是什麼神秘的符咒，而是建立在一些共同遵守的行爲規範上，就像開車子的規則一樣，大家都靠右邊，綠燈前進，紅燈停止，不要亂超車，也不要亂停車，一般居民如此，官員如此，警察也如此，除了救火車、救護車有些特權，大家都遵守這種行爲規則，不遵守的就罰，沒有例外。這樣的話，行車秩序自然就建立起來了。可是，我們這個社會偏不如此，於是街道上人車大亂，完全失去控制。社會秩序就是這樣，它是建立在一套大家遵守的法律體系、一套大家遵守的制度、一套大家認同的習俗和禮儀、一套大家認同的社會價值和道德規範上。我必須這樣做，就可以預期你也必須這樣做；我認爲貪污是違法的行爲，就可以預期你也會認爲貪污是違法行爲。不因爲個人的身分，地位，或情境不同，就可以破壞規則而做些特許的行動。

社會遽變法律規範無力

我們的社會問題就出在這裏。快速的工業發展，二十幾年間，使我們的農業社會突然起了變化，原來的稻田、鄉村、家族、鄰里突然變成了工廠、城市、公寓、社區，由農村生活突然變成了城市生活，原來可以遵循的行爲規範，突然變得不適用了。這是我們大家都看得見的事實，然而，我們的法律落後了，跟不上這樣快速變化的工業時代，沒有能力規範各種各樣的違法行爲；我們的制度落後了，無論是政治的，經濟的，或社會文化的，不只不能發生應有的功能，往往還產生負功能；鄉下人的親切沒有了，一句話、一個動作不如意，就拔槍動刀子；共識的職業道德、價值標準沒有了，普遍的只是盲目追求私人的利益，不管是權力還是財富。就在這樣的社會基礎上，我們如何能維持一種良好的社會秩序？

當第一家違法魚塭出現時，沒有人去管，等到幾百家違法魚塭陸續出現，卻管不了。當第一家違建出現時，沒有人去管，等到幾百、幾千的違建時，卻管不了。當第一家色情賓館在公寓大厦營業時，沒有人去管，等到到處都是色情賓館，卻管不了。爲什麽會弄到這步田地？就是社會脫序了，誰也管不了誰。你只要提出指責，不論是議會還是輿論，執行者就有理由說，經費不夠，人員不足，或法令不全。爲什麽開始的時候不管呢？似乎誰也不去追究。這算不算社會脫序？大家都不管法律、制度、道德和價值標準了。做官的只管做官，違規的只管違規，安份守己的人就只有眼睜睜看着天下大亂。

眼光放遠建立社會新秩序

愛國獎券的莊家硬說跟大家樂不同，我們卻看不出有多少不同的地方，同樣的數字遊戲，對號中獎；同樣的方法，臺銀的搖號機；同樣的性質，賭運氣；同樣的時間、地點、人羣。唯一不同就是莊家，一個是政府，一個是組頭；而一個合法，一個違法，你能說不是雙重標準，不是州官放火的行爲？我們呼籲停售愛國獎券，他們說了一大堆理由，就是不計算社會成本，寧願犧牲社會秩序。我們敢打賭，就是停了愛國獎券，要賭的還會去賭，但是，至少政府不必再做莊家，爲大家樂做公證，也不必去調查誰出售「明牌」了吧？類似的事還很多，我們希望大家看遠一點，以建立和維持新的工業社會秩序爲重。

（《時報新聞周刊》21期，76年10月6日）

解嚴後的社會

韓國政府一向對政治控制得很嚴，無論在野黨和學生怎麼鬧，就是不肯放鬆，經常動用龐大的警察力量，壓制羣眾運動。在這種情勢下，一般認為，全斗煥統領到期會不會把權力交出來，頗值得懷疑。但是，當情勢愈來愈複雜，社會運動愈來愈激烈的時候，在繼承人盧泰愚的策劃之下，居然顯現了立即的和平曙光，民主似乎馬上就要成功了。不管這種機會是來自那裏，全氏、盧氏，反對派，或國際壓力，為了國家利益而謀求妥協，仍然是值得讚揚的行動。第三世界和西方國家間的基本差異，就在於不能用和平方式轉移國家的統治權，誰掌握了政權，就不願意交出來，一直等到別人用武力奪取。韓國幾次的政變，也說明了這種武力掠奪的現象。這次，韓國的執政黨如果眞的準備用選票來轉移國家權力，將不僅使韓國走出了專權的陰影，也是第三世界權力轉移的可能模式。西方的民主過程，事實上也是在人民壓力下逐漸完成，這使得雙方都有比較大的成就感，而更能珍惜，不致一言不合就打起來。這樣建立起來的民主社會，也許就眞正可以在穩定中成長。

我國這次宣佈解嚴，雖然是遲了些，但在各方面的要求以及執政黨的主動意識，能夠順應潮流，終結戒嚴期的軍事管理，也頗合於民主過程的行為模式。臺灣這幾十年的工業化經驗，不僅把製造品輸出到全世界去出售，把國人送到每一種不同的社會去參觀、了解，也把全世界許多不同的貨物、觀念帶進了我們這個社會，我們已經變成了世界體系中的一員，這對民主理念的傳播，必能產生極大的影響。就在這個時候，我們的勞工階級和中產階級，也隨着經濟成長而日漸覺醒並擴大。政治結構因這兩個階級人口的增加而更開放，不僅有歷史淵源，也是一種自然的趨勢。這種政治民主化過程，對我國未來社會的發展，將產生正面而積極的影響。工業社會可以製造貨品，也可以製造工業民主，這樣才能維持工業社會的正常運作。我們可以把這種過程視爲一種壓力，卻不是異端。

很明顯的，我國和韓國目前民主政治的發展，都受到兩種力量的支配，一種是來自社會大眾的壓力，一種是執政黨的主動妥協。這完全合於民主政治的運作方式，社會大眾既不必視之爲勝利，執政黨亦不必認爲是挫折。大家都知道，在民主社會中，沒有永遠不變的多數，誰能夠最先洞察社會危機，爲社會大眾謀福祉，誰就可能成爲多數；維護特權階級的政黨，必然遭受淘汰。這恐怕是沒有選擇的道路。

經過幾十年的戒嚴期，社會上的許多行爲都受到壓抑，現在突然解嚴，也可能有點不習慣。我們盼望社會輿論和執政黨，能在傳播媒體和學校中，多作宣傳和解釋，使我們的社會在正常法律體系下正常運作，以維持社會秩序。這種秩序應該是開放的，只要不使用暴力，任何國民都可以想他所該想的，說他所願說的，做他所願做的；沒有思想犯，也沒有政治犯。行政體系只有合法的特權，不能利用特權去壓迫人民。

社團的急速增加，將使社會行爲受到鼓勵，例如社區居民可以透過多樣的結社，而擴大認識的機會，加強情感和互助方面的活動；專業公會有更多自由活動的空間，不必受到無意義的約束；政治社團可以自由提出政治主張；興趣團體可以自由選擇而組成相同或不相同的社團。這類社團，將不但有利於促進社會的正常發展，還有取代因家庭功能式微，鄰里關係薄弱，而產生替代性與社會化作用。

我們原來所說的多元化社會，比較偏向於職業的多元化；解嚴後的多元化，卻是強調政治、價值、思想等各方面的多元成就。這種社會，將會顯現高度的活潑而理性，穩定而有秩序，是社會和文化成長過程中，極有潛力的一面。願我們共同來維護它的成長。

（《中國論壇》24卷8期，76年7月25日）

過強的功利化傾向

中國社會曾經相當普遍的流行過一句俗話：「人不爲己，天誅地滅」。我們不知道目前的臺灣社會，是否仍然流行這種說法。無論如何，這句話不僅坦白的承認自私是一種天性，而且不自私還要遭天譴。如果沒有反諷意思的話，則表示我們，甚至我們的祖先，是一羣多麼極端自私的人。自私當然是指只顧個人利益，這在私有財產制的社會，本來也是理所當然的事。但一般而言，自私仍然有理性與非理性的差別，唯利是圖，損人利己，甚至認爲不自私要遭天譴，是不理性的自私行爲；理性的自私是指個人的合法利益，不祇要照顧到別人的正當利益，還要符合社會和國家的利益。這就是說，個人再自私，也不能違反社會道德，正如二千多年前孔子說的：「富與貴，是人之所欲也，不以其道得之，不處也」（《論語·里仁》）。這句話的意思是，誰都想升官發財，但如果不是用正當的方法得到的，就不要。什麼叫「正當的方法」？這必須先從富貴的基本觀念談起。

富就是財富，指一切有價值的物質；貴就是權勢，指一切象徵權力和特權的資源。這兩種東西可以說是任何社會中人民所追求的目標，雖然代表財富和權力的實體並不完全相同。中國人所謂的富，從前在農業社會時代，主要是土地和金錢；現在的工業社會，是土地、房屋、機器、股票、銀行存款之類，比從前複雜多了。中國人所謂的貴，從前是指政府的官職，即統治的權力；現在也複雜多了，是指議會和行政機構的權力。所以，從傳統社會而言，地主、富商和官吏、紳士是富與貴的代表；在現代社會，企業家、富商和官吏、議員是財富和權力的象徵，也是目前社會中多數人所追求的目標。

目的是肯定的和一致的，要如何達到目的呢？似乎就不太一致。依照孔子的說法是要合乎道，這個道，可以解釋爲正當的方法，也可以解釋爲道德，例如他在另一處說：「不義而富且貴，於我如浮雲」（〈述而〉）。這就是說，在孔子，乃至在孔子那個時代，固然每個人都希望升官發財，但必須依循正當而合乎道義的方法去做，不能亂來。事實上，在我國的傳統社會，無論是做官或做地主，雖然有些惡勢力的特權存在，大致還是有一定管道，譬如努力耕耘，可能變成地主；努力讀書，可能變成官員。對於自己行爲的預期效果相當高，並且可以用同樣的理由，去預測別人的行爲。這對於整個社會的穩定和整合，有相當大的作用。

就現階段的社會而論，追求財富和權力的動機，顯然比從前高多了，相當多的人都在商場和政場中追逐，希望有一天當上大企業家、大董事長，以及擔任政府的重要政治職位，目標仍是相當肯定的，可是，要怎樣做才能達到目的？即是，達到目的方法或手段是什麼？並不十分清楚。努力就可以做得到嗎？誰都沒有把握。就發財的情形來看，有人認爲需要懂得投機，有人認爲需要依賴特權貸款，有人認爲要走非法途徑；就升官的情形來看，有人認爲需有特殊關係，有人認爲需懂得利用意識形態，有人認爲需走後門。所用的方法眞是種類繁多，卻沒有一種是「正當方法」，這就很難認爲是一種模式行爲。我們也了解，仍有不少人是在正當的方式下工作，但如果有太多的人，利用孔子所說的「不以其道」而取得升官發財的機會，這就失去了社會的公平和正義，就無法維持社會秩序。

說實在的，從我們的祖先到今天，許許多多的行動都是非常功利的，拉關係幫助解決困難，求長官提拔，求神鬼保佑發財、升官，無一不是爲了一己的私利。而由於工業社會特別強調財富的重要性，以致社會顯得更亂了，更不顧慮別人和社會國家的整體利益，更沒有道德情操。這顯然是缺乏達成目標的正當方法，所造成的嚴重後果，也就是社會過分功利化的必然現象。

（《中國論壇》23卷2期，75年10月25日）

經濟成長・政治・文化

當一個國家的決策人要執行政治經濟的「計劃變遷」時，不免有些猶豫，這樣的計劃，成功的比例有多大？萬一失敗，不利的影響又有多大？這可以說是兩個關鍵性的問題，因爲計劃實行的結果，可能牽涉到財富的重新分配，政治權力的調整，乃至生活方式、文化結構的改變。近幾十年來，臺灣的計劃性發展模式，正顯示這樣一種方向，把原來屬於地主的財富，轉移到產業結構中，並製造了一個有力的中產階級，和許多大資本家；政治制度和政治權力分配，也有某種程度的轉變；生活方式有了明顯的改變，不僅改變了品質，也改變了方向；許多新的文化現象也出現了，例如適應高度技術的工作，接受避孕工具，都市人際關係的冷漠感，等等。但是，進一步觀察，這種變遷是怎麼樣產生的呢？觀念影響制度、技術，還是技術、制度影響觀念？

政治革新奠定穩定社會

臺灣是從一個農業社會，慢慢的工業化，才變得比較富裕、比較民主。但是從另一方面看，臺灣也在民國四十年代的逐步政治革新中，慢慢奠立了比較穩定的社會基礎。最明顯的是土地改革和地方自治。有時候我們不禁要問，如果早年在大陸上就實行了土地改革和地方自治，甚至加速的推行了民主政治，結果是不是會有些改變？或者根本不是現在的樣子？這就涉及政治和經濟間的互相影響關係。

最近，美國波士頓大學社會學家柏格教授，應邀來臺灣訪問，在座談會和演講中，特別強調東亞經濟發展模式中的文化和制度因素，而文化因素尤其重要。他的最有趣的例子是，牙買加人比較懶散，爲什麼到了美國卻能努力有成？中國人不僅在臺灣、新加坡，就是在別的地方也有傑出成就。這是不是就是制度和文化的原因？柏格教授認爲，文化可能更重要。

環境穩定有利經濟發展

文化指的是什麼呢？是不是就是世俗化或平常化了的儒家文化？例如，努力工作、節儉、儲蓄、積極的價值觀念、功利的宗教行爲、集體主義、權威政府，諸如此類。可是，這也不是從臺灣開始的，多少年前，中國大陸就是如此，知識分子在倡導自強運動、立憲運動、科學民主運動時也是如此，爲什麼前幾次都失敗了，在臺灣卻獲得成功？也許還有些別的文化成份，比如家族、祖先崇拜，由功名轉化而成的追求企業利益，但是，這又有什麼兩樣，我們的祖先何嘗不是這樣過日子？也許我們不能過於機械式的分析和討論，制度會變，受文化陶冶而成的個人性格也會變。假定重視「努力工作」是一種對經濟發展有利的文化價值，則在相同的制度和文化環境下，均有成功的可能。不過，這種假定應該在國家或社會的整體政策下進行，而不能以個人或小羣體爲衡量對象。

這樣，我們就可以說，一種穩定的社會和政治環境、一套強調工作重要性的文化價值，以及一些理性制度的政策設計，對經濟發展是有利的。日本、臺灣、韓國、香港、新加坡就是在這樣的有利條件下進行工業化，獲得可觀的經濟成長。可是，在差不多相同的條件下，蘇俄、東歐集團、古巴也有某種程度的經濟成長，但從民主的觀點而言，人民的政治、社會情況，卻沒有獲得改善。這顯然又牽涉到一些別的因素了，經濟成長可能無法解決所有的問題，特別是政治民主和社會自由。

領導階層加速推展民主

我們有時候不免要想，如果華盛頓走了獨裁的路，如果盟軍沒有強迫德國、日本改革，如果佛郞哥到現在還沒有死，這些國家會是什麼樣子？這豈不是除了制度和文化外，特定時期中領導者的角色極爲重要。

我的意思是，如果要建立一個完整的發展模式，以達成經濟成長、政治民主、社會自由的理想目標，恐怕必須具備許多條件，而不是一個條件，這些條件包括：一個安全而穩定的環境，沒有內亂，也沒有外力干擾；從經濟發展而言，還必須具有政治和社會的安全體系，否則，不但本國經濟無法繼續成長，技術、人力和資本都會往外流，造成經濟的衰退，乃至瓦解；從政治發展而言，則必須在較富裕的情況下，領導階層應該加速推展民主，人民和地方的高度自治是健全國家組織、繼續發展經濟的最有力工具；從社會發展而言，則必須提供一種良好的政治、經濟資源，才有可能創造社會的自由平等；最重要的，還是要獲得文化價值上的有力支持，努力工作，並且對未來有理想。

政治經濟文化齊頭並進

我們的人民是不是具有這樣豐富的資源呢？從幾十年來我國經濟發展的過程來看，似乎不庸置疑，但結果偏向於經濟，政治和社會發展，並未獲得預期的結果。可是，如前面所說，經濟、政治、社會文化的發展是互爲依賴的，如果不知或不能做適當的調整，使三者齊頭並進，最後還是會使經濟成長也受到阻礙，共產集團的例子最爲明顯。所以，我們認爲，文化因素的重要性，只顯示於合理的政策設計，以及安定的政治、社會環境中，以加速經濟發展；我們不能把一切歸之於文化，如果這樣，豈不成了文化命定論？平常化的儒家倫理也可能祇是在強調努力工作、勤勞、節儉，以及重視財富諸方面對經濟成長有幫助。今後，我們還希望再創造一個奇蹟，因富裕而建立一個眞正的民有、民治、民享的理想政治社會模式。

(《自立晚報》，63年9月10日)

經濟成長的後遺症

最近，中研院院士經濟學家邢慕寰先生在悼念顧志耐教授 (Simon Kuznets) 的文章中（《天下雜誌》民國七十四年十月號），除了分析顧志耐教授與臺灣經濟發展若干關聯性因素外，特別強調，經濟的「自由化和國際化涉及政治和社會制度的全面創新。因爲只有這樣，才能促進工業技術升級所必要的『社會技術』升級，從而充分發揮個人與社會的智巧和創造潛力」。個人非常同意這種看法。經濟、政治、社會三者，通常總是互爲影響，如果硬把經濟因素孤立起來，不僅不易解決問題，還可能製造新的問題。

雖然我們到現在還不十分淸楚，技術變革和工業化究竟爲社會帶來了什麼問題，可是，社會上有許多現象，確是因工業化後才出現的，例如當眾搶刼、殺人的事件越來越多；經濟詐欺、買賣有害食品的新聞層出不窮；環境污染日益嚴重；居民對社會和政治的疏離感日漸加深；居民的安全感受到威脅，諸如此類，莫不令人感慨系之，乃至認爲政府和民間都束手無策。這算不算是經濟成長的後遺症？

經濟成長固然爲社會帶來繁榮、富庶，但從上述諸端來看，也似更導致了不少問題。我們在追求成長之餘，是否也應該回過頭來看看，如何把社會和政治問題降到最低限度，以加速經濟成長？何況如邢先生所說，經濟成長到了某一瓶頸，還必須藉助政治、社會手段，才能達到目的？

幾十年來，國內的工業化政策實際受到政治的影響很大。今後也未必例外。我們深盼決策者能釐清現象，針對目標，誠實而勇敢的爲將來的經濟發展——特別是基於政治和社會改革基礎上的經濟發展，而貢獻最大的心力。我想，我們不必害怕錯誤，祇要錯誤後能找到正確途徑，我們也不必害怕困難和挫折，挫折後才能嘗到眞正成功的滋味。

（《民生報》，74年10月13日）

爲什麼暴力犯罪那麼多？

去年監察委員選舉的時候，就傳出許多買票的風聲，執事者以「查無實據」，用中國人的老辦法，不了了之。今年初地方選舉，又是金錢，又是暴力，把一種我們所強調「選賢與能」的政治，搞得烏煙瘴氣。選舉過了，不管是黨外還是國民黨，天下太平，好像不曾有過什麼難過的事。那時候我剛好在南部，不只一個人告訴我，都在買票（當然，我當時沒有錄音，現在也沒有別的證據）。這幾天選縣市正副議長，買賣之議不絕於目（報紙上描述得清清楚楚），甚至把價碼都說出來。你能說，這種行爲不是犯罪嗎？

也許有人要辯說，找不到證據。正因爲如此，我們要主動去蒐集證據。沒有一個犯罪者會自己把證據收集起來，送給檢察官去起訴。賄選之事，必須在候選人與選民間進行，有沒有買票，選民非常清楚，那裏隱瞞得了？如果主動調查，必將有所交代。把幾個非法當選人辦一辦，也許會鬧得滿城風雨，或失掉幾個議席，但這種示天下以誠的結果，不僅穩定了政治體系，也鼓舞了民心士氣，得失之間，實在難以估計。可是到現在爲止，我們看不出有這種跡象。難道又應了中國人的古諺：竊國者侯，竊鈎者誅嗎？

我之所以提出這個問題，主要是它不僅影響將來的選舉和政治運作，而且影響社會風氣。試想：如果我們的代議士和縣太爺，都可以用金錢和暴力收買或干預，這個社會還有什麼希望？一個社會從農業進入工業階段，本來就有太多的物質上的問題，現在由選舉領導進行，後果實在不堪設想。即使不爲千秋萬世計，僅爲下一代，這種事也必須立刻制止。請大家平心靜氣的想想：監察委員、縣議員、議長，這些職位，在中國人心目中都是受尊重的；如果這些職位都可以收買，還有什麼事不能幹？

暴力犯罪逐級昇高

這就使我不得不聯想到目前太多的暴力犯罪，雖然我無法證實這和賄選有什麼關聯，但問題的意識形態和類型是一致的：用非法行爲獲取利益，並企圖把這種利益變成合法，而逃避制裁。

可憂慮的暴力犯罪有下列三種：一是搶刼，二是殺人，三是強暴。這是遷就個人討論的方便，並非犯罪學上的分類。

就最近發生的一些案例而論，搶刼的類別如：刼鈔，銀行的或私人的；刼財物，私宅或野外。大者千萬元，小者數百元；有金銀、電化用品，也有飾物。從刑警隊所擄獲的物品來看，眞是什麼都有。贓物多者數千萬元，少亦數百萬。他們多爲夥同犯罪，有的強盜、有的攔途搶奪，有的專司銷贓，眞有點像股份公司。犯者多爲二十歲上下的年輕人，即十七、八至二十五歲左右。這批人絕不是「饑寒起盜心」，你說是爲了什麼？沒有教養，不懂規範（這裏是指社會親範，一般的社會規範包含兩類，一是風俗習慣，二是法律）？受物質的誘惑？受社會不良風氣的感染？幫派組織的驅使？或個人性格的偏差？我們從電視上看到的這類人，多半年輕力壯，面目木然無表情，而非恐懼戰慄，實在令人不解。

社會不容有暴戾之氣

強暴案的直接解釋就是性犯罪。爲什麼有性犯罪呢？西方學術界有許多不同的說法，在我國則極少研究。就許多案例來看，以強姦和輪姦爲最常見，也似乎以偶發性事件爲多；但近來暴徒侵入女校，俟機作案，就是意圖犯罪了。這種轉變，對社會，尤其是對女性，必然造成更大的威脅。這意味着什麼呢？向現有法律挑戰，對人性尊嚴的輕視，還是殘暴成性？在這種情形下，假如你是女性，你就不敢肯定，是不是叫錯了計程車，不該一個人留在家裏，或不該單獨行動？這使許多人的安全，無論在意識或行動上，都失卻保障。有一些案例，強暴後還要殺人，就更爲可怕了。我們但願這只是極少數的性變態或精神失常，否則，就眞要天下大亂了。

無論從那個角度來看，強盜搶刼、勒索殺人、強姦輪姦，都是爲正常社會所不容許，必須設法制止，但是制止不是就把這些罪犯抓起來，或明正典刑就算了事。如果犯罪的誘因沒有加以遏止或消除，抓了這一批，另外一批又會產生，所以制止犯罪的最佳辦法還是防止犯罪，要防止犯罪，就得進一步了解犯罪的相關因素，或因果關係。不過，這得特別設計研究，不是簡單的統計資料可以解釋的。

手邊沒有別的資料，就用六十九年法務部犯罪問題研究中心出版的《犯罪狀況及其分析》中，有關上述三類犯罪的主要資料，加以討論，或許可以幫助我們深入了解目前的重大犯罪事件（在此特別感謝法務部犯罪問題研究中心惠送該種資料）。我個人的想法是，搶刼、殺人、強暴三類犯者，在某些性格上可能有共同的特徵，或至少各類犯者具有某種程度的共同特徵。這些特徵包括（1）犯罪原因，例如，某種共有的誘發因素；(2) 年齡，差不多的年齡層；(3) 教育程度，不太高的教育經驗；(4) 職業，可能是較低的職業聲望；(5) 家庭經濟，可能不太十分寬裕。這幾個條件可以支持一些假想，即居住環境不十分理想，容易加入青少年幫會活動，學得偏差行爲；在不理想的經濟條件下，無論家庭或學校教養，都不夠健全，難以適應正常社會的要求。這樣就容易導致偏差行爲或暴力犯罪。下表是一些簡單的事實及其百分比。

(1) 故意殺人

	總數❶	項目	百分比	實數
①犯罪原因	1,785	仇恨	24.93	445
		口角	34.45	615
②犯罪者年齡	977	14－18	17.50	171
		18－24	42.07	411
		24－30	20.47	200
③犯罪者教育程度	1,785	小學❷	34.57	617
		國中	42.46	758
④犯罪者職業	1,785	工礦❸	33.05	590
		無固定職業❹	30.42	543
⑤犯罪者家庭經濟	977	勉強維生❺	55.17	539
		小康之家	19.45	190

(2) 強盜搶奪

	總數	項目	百分比	實數
①犯罪原因	422	投機圖利	69.66	294
②犯罪者年齡	418	14－18	32.06	134
		18－24	39.71	166
		24－30	18.66	78
③犯罪者教育程度	507	小學	28.60	147
		國中	50.39	256

④犯罪者職業	507	工　　礦	24.85	126
		無固定職業	52.07	264
⑤犯罪者家庭經濟	418	勉強維生	60.77	254
		小康之家	19.14	80

(3) 強姦輪姦

	總　數	項　　目	百分比	實　數
①犯罪者年齡	567	12－18	23.98	136
		18－20	17.28	98
		20－29	33.51	190
②犯罪者教育程度	567	小　　學	34.74	197
		國　　中	40.74	231
③犯罪者職業	567	工　　礦	40.74	231
		無固定職業	21.52	122

❶ 原統計數有出入，或爲犯罪破獲數，或爲執行數。

❷ 小學、國中均包括肄、畢業，但以畢業者佔多數。

❸ 工礦定爲從事工礦運輸之類的體力工人爲多。

❹ 此類可能爲無業者居多，原資料未說明。

❺ 原說明爲「勉足維持生活」，未提出標準。

從各角度來看犯罪

表中有幾點值得提出來討論：

第一、有59%的殺人事故只是爲仇恨或一點細故，顯然是小題大作，沒有好好考慮後果，或過於衝動。

第二、差不多70%的搶刼案是想爲自己不勞而獲，不是爲了生活而走險路，搶奪的目的非常明顯。

第三、三種重大犯罪年齡，有80%集中在青壯年這一階段，而以二十歲上下爲尤多，可能眞是血氣方剛，無法自我克制。

第四、75%以上的犯者，都是國小和國中程度，學校教育明顯偏低，沒有機會學習良好的人際關係。

第五、三類犯者的職業，有63%到76%屬於體力勞工或甚至失業，這可能就是行爲受到環境的影響，生活在這種環境下的人，很容易強迫自己去尋求官能上的刺激。

第六、二類犯者，有76%的家庭經濟不是寬裕的，但也沒有到挨餓的程度，爲什麼犯罪的人都集中在這種經濟條件上？是不是眞的受到物質的誘惑，自己又沒有其他方法去取得？這六個因素可以歸納爲三點特質：其一、經濟條件不理想；其二、生活環境較差；其三、教養不足，人格發展受阻。如以職業聲望爲標準，這些人都屬於較低層次的身份和地位。

某些制度上的問題

也許我們可以這樣說，無論是殺人、搶刼，或強暴的犯罪者，一方面固然是個人人格上的缺失，造成行爲偏差，另方面也的確受了環境的影響。其中可能牽涉到個人的急於成功，忽視社會規範；社會價值衝突，乃至社會財富和權力的分配過於不平衡；某些制度太刻板，無法應付快速變動的工業社會生活上的需求。例如，失業人口最容易製造社會問題，如果計算不當，隱藏了失業率，將使決策者無法在政策上予以補救；不及時遏制賄選，讓金錢和暴力控制選票，將不僅使民主政治產生危機，整個社會都要受到損害。從中國人的觀點來說，這種賄選還可能直接影響到一般人民的公正判斷與行爲，如果我們要求社會團結與和諧，卻無能處理這類問題，還有機會達成這種政策上的目標嗎？ （《時報雜誌》119期，71年3月14日）

從制度化方向探討犯罪問題

從人口比例來說，社會上犯罪的人當然是少數，但由於大案子一出現，全國的傳播媒介競相傳播，報紙、電視、廣播數日報導不輟，好像每個人都捲入了犯罪的漩渦，眞讓人感到恐懼又討厭。

犯罪原因大多不易控制

任何社會，當然經不起犯罪者的破壞，但是，又如何經得起傳播媒介的渲染？甚至爲了增加銷路，蓄意渲染？雖然由於人口增加、經濟成長，我們的犯罪總人數在逐年增加，暴力罪犯在增加，經濟詐欺犯罪也在增加。可是，根據法務部的統計（中華民國七十一年《犯罪狀況及其分析》頁6，9），自六十二年至七十一年的十年間，上升的數字，遠不如我們印象中的犯罪事實，那麼令人印象深刻，乃至心驚肉跳。

爲什麼有那麼多的人去犯罪呢？犯罪原因一直是令研究犯罪者困惑的問題。有時候不容易找到答案，有時候找到了，卻又無法解決。例如研究者無法跟犯罪者作直接訪問，無法運用審判資料，有些特殊的個案也無法和當事人討論，在這種情況下，又怎能了解犯罪動機？更不用說推論犯罪模式了。許多相關機構都印製了些犯罪種類、年齡、教育程度之類的靜態資料。這種資料是無法分析的，以年齡而論，我們除了知道犯罪年齡越來越低外，對於了解眞實情況和實際決策，可以說毫無幫助。例如，有一個少年法庭的研究發現，少年罪犯中屬於破碎家庭（如父母離婚、死亡之類）的孩子占相當高的比例。這個結果對於改變政策就很爲難了，試問有多少辦法可以使這一類的家庭不破碎，或對破碎家庭作更有效的救濟？

所以，有時候，即使知道了犯罪原因，仍然不容易改變犯罪現況。法務部統計各監獄受刑人犯罪原因（資料同上第 24 頁），共分十九類，每一類的實質意義，只能從字面上加以了解。以六十二年和七十一年做比較，從它的百分比來看，其中有三類差不多維持不變（如外界引誘）；有十類在降低（如觀念錯誤、交友不愼、一時過失），並且有兩類降低了一倍多；有六類在增加（如投機圖利），有四類增加一倍多（如性情暴戾、不良嗜好、不滿現實）。不過，從絕對數字來看，十九類中除極少數外，每一類的犯罪人數差不多均在增加。不管它的百分比增加還是降低，大多數犯罪原因都不易控制，甚至無法控制。

早期教養具有長期影響

如占犯罪率百分之八十二的前六類：一爲投機圖利（占 44%），二爲觀念錯誤(12%)，三爲交友不愼(7%)，四爲性情暴戾(6.8%)，五爲一時過失（6.5%），六爲不良嗜好（5.8%）。都很難用政策予以立即改善，例如第一種投機圖利，我們就無法肯定究竟是由於個人性格，社會環境，抑或是政策不當所造成的。其他各類亦復如此。換言之，縱使我們了解了犯罪原因，還是難以降低犯罪率。這可能就是爲什麼每年都有統計數字，卻沒有改善的辦法的原因了。

有些人一聽到犯罪，就認爲犯罪者罪該萬死。當然，我們無需否認，犯罪者罪有應得。可是，我們也該了解，如果犯罪的來源沒有堵塞的話，判罪只能收暫時嚇阻的效果，過一陣子問題又來了。所謂犯罪，主要是對現有法律、制度、習俗等蓄意破壞或不遵守。爲什麼有些人會這樣，有些人不會呢？這就是問題的焦點，原因很多，有幾種是比較重要的；如自小家庭教養不好，缺乏做人的基本訓練，對現有的價值、規範沒有正確的認識；早期學校教育不完整或不成功，甚至產生反社會傾向；受到生活環境的感染，如居住在複雜地區，參加幫會或與幫會人物爲友，工作中有黑社會勢力；諸如此類，都可能使人的行爲受到影響，或夥同犯罪。因而注重個人的早期教養和後期的生活環境，對遏阻犯罪應該具有長期效果。它的基本論點來自法律、制度、習俗、社會價值等的共識。

須從制度着手否則徒勞

但是，在一個快速變動的時代，我們如何能保證所有的法律、制度、價值觀念，都是合適而爲人所接受的呢？假如不能適時修改法律，改善制度，調整價值觀念，或雖然改了，而不能反映實際的需要，我們又如何能叫人不做些違反法律、制度、價值的事？我們認爲這是一個非常重要的概念，決策者必須着意於此。現在我們就要問：爲什麼不實的醫藥廣告泛濫，而無人過問？爲什麼汽車、電視機、農機具高價出售，幾十年無人過問？爲什麼不合格的食品、藥品、化粧品充斥市場，而無人檢驗？爲什麼一而再的產生數以億計的經濟詐欺，而不謀阻止？爲什麼報紙上經常報導法官、稅官、警察、地政人員貪瀆，而無法改善？爲什麼……這類的事情實在太多了，究竟是什麼原因造成的呢？個人？制度？還是兩者均有？這顯然是制度上出了問題，如果要減少這類犯罪，就必須從制度上着手，否則，將仍然是徒勞無功。

從這個方向推衍過去，我們就獲得進一步的了解，防止犯罪似乎有幾種重要方法值得嘗試：一是如何加強家庭制度的教養功能，二是如何加強學校制度的教育功能，三是如何加強社區制度的教化功能，四是如何加強行政制度的改善和運作功能。

個人羣體社區共同努力

制度化的意思是要使制度產生眞正的作用，所謂徒法不能以自行，也就是強調徹底執行的意思。我們希望在個人、羣體、社區、行政機構的共同合作和努力下，使這個社會獲得眞正的和諧與安全，更重要的是，如果我們沒有加強制度化的決心和勇氣，那麼，一切打擊犯罪的措施，都將是原地跑馬了！

（《中國時報》，73年12月1日）

研究犯罪的原因

對於犯罪的原因，我們一直不十分了解。統計數字告訴我們，犯罪年齡有降低的趨勢，教育程度偏低，家庭經濟狀況較差，以及一些類似的結果。說實在的，這類結果，對於決策的參考價值，也是偏低。到現在爲止，我們還想不出什麼辦法，使每個人的教育程度、收入都普遍的提高。何況，卽使全面提高了，也不見得就可以遏阻或降低犯罪率，例如許多經濟或白領犯罪，就是高收入和高教育程度的人幹的。

最近因一勇敢市民「撞」破的案子，就使我們這些關心、研究，或討論犯罪問題的人感到汗顏。其原因有五：

(1) 在不到兩年的時間，做十幾次重大刑案，以及幾十次一般搶刼案；

(2) 這些案子包括殺人、搶槍、刼銀行，把許多大案件一次表現出來；

(3) 已知六名涉案的人，旣不屬於黑社會，似也不屬於職業犯罪集團；

(4) 犯罪的人有正當職業（僅一人無業），教育程度、家庭經濟不差，不僅練得一身功夫，而且看起來文質彬彬；

(5) 竟還有一名警員涉嫌參與作案分贓。

當這些重大刑案連續發生，又無法偵破的時候，我們直覺的認爲事態嚴重，卻也束手無策。根據以往的統計資料，最有利的關聯性判斷，就是失業、黑社會、社會風氣、特殊犯罪組織、家庭教養、都市幫派之類的因素所造成。結果都不是，並且只三、五人便把這個社會搞得風聲鶴唳。誰也沒有料到，他們是如此的膽大而鎮定。這眞使我們以後幾乎不敢再談犯罪問題了。

究竟是什麼因素誘導他們如此犯罪？報上說是爲了賭博、女人。我們認爲這樣似乎太單純化，應有深一層探究的必要。許多犯罪事實都是一種錯綜複雜的行爲，牽涉到個人人格、家庭及學校教養、制度、社會團體等，甚至我們不知道，究竟如何使人陷於犯罪的地步。因此我們建議，今後的犯罪偵訊工作，是否可做一些改變：

(1) 偵訊過程不應祇強調犯罪事實，應對他們的犯罪動機、家庭背景、交往關係、社會活動、個人性格等等，做詳細的調查，以增加我們對犯罪者及犯罪行動的了解，將有助於犯罪研究。

(2) 讓研究犯罪的專業人員參與偵訊，或於偵訊後做個案研究，或接觸犯人與犯罪資料，將有助於對犯行的了解。

這樣，將來也許可以對犯罪行爲免於亂猜謎底。

（《民生報》，75年5月20日）

豈可隨意殺人？

這些天，報紙的社會新聞的確令人沮喪，有人殺母親，有人殺岳母，有人殺姊夫，有人殺朋友，有人殺不認識的人。五倫內外，都有人被殺。探究他們殺人的動機，有的是出於誤解，有的是一言不合，有的是被人多看了一眼，有的是由於吵架或打架，可以說都是爲了一些鷄毛蒜皮的小事。這種事，通常說句道歉的話，或責問幾句，甚至不加理會，就過去了，在一個文明社會之中，怎麼也犯不着動刀子。然而他們還是動了刀子。把人殺了，自己就能活得好一點嗎？顯然不可能。

令人想不通的是，爲了一點細故，何以會引發如此強烈的報復行動？問題究竟出在那裏？個人的情緒不穩定，行爲偏差，早期教養不良，還是我們這個社會本身有了什麼毛病？動不動就會引起別人的殺機。那我們還要不要跟人打交道？我們怎麼知道，對方會不會殺人？這眞是一種看不見的社會危機和隱憂。

依據法務部的統計（犯罪狀況及其分析），殺人犯不僅歷年在增加，在十九種這類犯罪的原因中，因「性情暴戾」而殺人的百分比也在增加之中。七十年和七十一年各占 33%，七十三年占 55%，七十四年占 62%。前兩年占殺人犯的第二位（第一位爲「一時過錯」，各占 50%、57%，其中可能也有部分屬於性情不好的人），後二年占第一位。可見，因容易動怒而起殺機的人相當多。這恐怕是一種值得憂慮的現象，爲什麼性情暴戾到這種程度，一言不合就要置人於死地？這種性格是如何養成的？

儘管這類人將來在審判中會得到應有的懲罰，但由於殺人犯不認親疏、不論長幼，其惡性不僅是重大，根本就是沒有人性。如果不設法認淸事實，加以遏阻，社會所受到的傷害，將會越來越大。針對這種狀況，我們願提出兩點建議，作爲改善的參考：

（1）法務部和內政部有關人員應該立刻組織專案小組，切實硏究如何去了解這種犯罪行動的因果關係，並提出改善對策。

（2）各種傳播媒介在描述這類犯罪事實的同時，應該適度運用道德規範，加以譴責，或刊出評論文字，以加強社會制裁力量。

（《民生報》，75年 8 月 9 日）

賭風，大家樂與愛國獎券

愛國獎券發行了幾十年，這幾年忽然有了「大家樂」，不知道究竟是跟人民的智力有關，還是跟社會經濟環境有關？在我們看來，跟社會經濟環境似乎有較大關聯。賭博是需要錢的，沒有錢，就賭不起來。卽使有再大的賭癮，也是枉然。我們通常形容賭博的人會傾家蕩產，還是因爲有家產可爲賭注，否則，何來「孤注一擲」？這種情形也不是從現在始，而是古已有之，《戰國策》說：「臨淄甚富而實，其民無不吹竽鼓瑟，擊筑彈琴，鬥雞走犬，六博蹹鞠」（〈齊策〉一）。臨淄是當時的大都市，居民非常富有，所以遊戲賭博都很流行。顯然前四種是音樂，後四種是遊戲或賭博。大概也沒有人出面禁止吧。

人民要賭的話，什麼都可以賭，以前述齊國來說，鬥雞、走犬、六博（下棋）、蹹鞠（打球），固可以做爲遊樂方式，也可以做爲賭博的工具，就像今天我們玩橋牌、打電動玩具一樣。現在世界各地，什麼樣的賭博都有，賽馬、賽狗、賽車、賽球，以及各種各樣的賭具如輪盤、橋牌、牌九、麻將之類，都可以大快賭癮，眞是抓不勝抓。臺灣是厲行嚴格的禁賭，但私賭從來沒有斷絕過。現在因愛國獎券引發的「大家樂」，而使賭博表面化，只是把潛在危機抖出來了而已。報紙上說，已經有人不耐煩十天賭一次愛國獎券的兩個號碼，而隨時隨地在賭，有人賭車牌號碼，有人賭飛車，有人賭兩條狗廝殺，也許還有些別的賭法，只是我們不知道。

其實，一個亞運、奧運金牌，一場世界級的網球、高爾夫球賽，一次重量級拳賽，動輒贏取數十萬或數萬美金，又何嘗不是一種變相的賭博？只是所用工具不同，所代表的意義有差別而已。嚴格的說，我們也很難解釋。

愛國獎券確是一種政府做莊家的「賭博」，固然已助長了大家樂，更面臨「我雖不殺伯仁」的窘境。爲今之計，我們認爲，似乎該首先停售愛國獎券，再嚴厲取締大家樂及類似的賭博行爲，以觀後效。至於因而牽涉到的獎券販賣人職業，社會福利獎券諸問題，俟後再討論，不必糾纏在一起，否則，將永遠得不到一個有利無弊的解決辦法。

（《民生報》，75年10月29日）

不投入就沒有發展

我們是一個被譽爲勤勞節儉的民族，在俗話中，有不少勸人努力工作的諺語，大抵都是說，要想獲得最好的結果，就必須下番異於常人的工作量。蜻蜓點水式的工作，自然不免流爲膚淺。所謂種瓜得瓜，就是指天下沒有倖致的事，最高的成就，通常都是經過長久而全心全力的投入工作，各行各業，都沒有例外。這就是我們常說的「一分耕耘、一分收穫」，努力總歸是有代價的。「欲求眞富貴，須下死功夫」，是傳統中國社會的兩個最大努力目標；到了現代，我們的努力目標，雖不完全在於財富和名位，可以有各種各樣不同的高成就方向，如作爲一個有創見的理論家，一個優秀的技術士，一個卓越的發明家，一個傑出的運動員，但成就的評價，已經不能僅止於國內的尺度，而必須跟國際標準作比較，原因很簡單，這是一個國際市場的世界。就像跑百公尺、打棒球，只有參加國際間的競賽，才能看出自己的實力。

紮根不足是社會的通病

這樣比較之下，就不難發現，近年來，由於國家經濟成長，社會需求擴大，事業成功的人確實增加不少，然而，出類拔萃的世界級人物似乎並不多見，這可能就因爲下的工夫還不夠，無論是知識上的還是技術上的，以致無法突破原來的瓶頸，而在國際上取得領先的地位。只要稍微觀察一下現在的社會，就會了解，紮根的工作做得太少，表面的工作又做得太多，影響了社會的進一步發展。

學術界停滯在模倣階段

知識界有這種現象，已經不是一天的事，似乎總是停留在某一個階段，難得突破。這也不是這些人玩忽職守，或努力的程度不夠，而是不夠專精。一種理論的重大發現，或解決一個學術上的難題，往往需要長時間工作上的投入，甚至廢寢忘食，像孔子那種，三月不知肉味的精神。現實的學術環境，卻相當不容易做得到，一方面是引誘太多，如演說、寫稿、做官之類，可以獲得許多額外的利益；另方面是學校和學術機構高度官僚化，根本沒有一種固定的理想環境可以支持個人做數年或十數年的長期研究，像西方許多研究機構那樣，因而，即使有人願意投入，也未必可能。這樣，我們的學術就長期停滯在模仿的階段，這才是眞正的問題所在。

公務人員也有相同的情況，這可以從幾個方面看得出來：其一是，做爲一個公務人員，只要不出明顯的錯誤，按年資就可以升到某一職等，一直到退休；其二是，關鍵性的職位，需要關鍵的關係，才有機會調升；其三是，過度保障工作成爲單位主管放任部屬的藉口，考績變成徹底的形式主義。這些因素都可以使人不必全力投入工作，就可以打發日常事務。事實上，即使有人全心投入，未必就能獲得應有的報賞，何況許多高階層的人兼職甚多，教室裏上課，會議上致詞，想投入也不見得有投入的時間和精力。這樣的忙亂，又何能提高公務機構的辦事效率？所謂行政革新，也就流爲紙上談兵了。

公務員企業家未上層樓

企業家又何嘗不是如此？大的企業家，由於工廠多，貿易額大，對於增加職工就業機會，爲國家賺取外滙，的確有很大的功勞。可是，以賺錢爲第一目標的取向，往往不肯花錢去改善貨物的品質。所謂提高生產力，就成爲一種沒有實質意義的口號。我們都知道，維持一個龐大的工業體系，必須要有不斷的工業發明和新的產品，才能加強在國際市場上的競爭力；而這又有賴於工廠主在人力和濟經上的全心投入研究與發展，不然，我們就只能像現在這樣，跟在工業大國後面，亦步亦趨。

這樣的現象，也可以在其他許多行業上發現，例如一個泥水工灌水泥牆，因爲他的不專注工作，沒有把模板扎好，或沒有把綁鋼條的鐵絲擺妥當，而使水泥流失，或地下室滲水。一個木工因爲不專心工作，而使所有的成品顯得粗糙而不合用。類似的情形，在各種技術工作過程中都可能出現，所以有的建築師說，在臺灣，卽使是一流的房屋設計，經過各種工匠的施工，能保持二流的品質，就算是不錯了。這顯然是拿了工資，而不投入工作的結果。

傑出人才需要時間培養

似乎沒有必要再舉例說明了吧？所有這樣的毛病，都不能說他們不會，只是不肯或沒有辦法投入，淺嚐卽止，表面上都做好了，就是不能深入。原因究竟在那裏呢？認眞的精神不足，競爭的市場不大，外力的干預太多，各級教育過程出了問題，還是政府的獎懲系統不足以支持長期的耐心工作？無論問題出在那一方面，我們都希望建立一種培養傑出人才的制度，使他們能夠安於一個環境中，忍受寂寞，潛心工作，假以時日，必然可以產生高度突破性的成就。這種事，政府可以做，民間也可以做，就看我們積極到什麼程度。

（《自立晚報》，76年5月4日）

善盡報紙的社會責任

我們每天都讀報紙，都從報紙上獲得許多訊息，不管是好的還是壞的，喜歡的還是不喜歡的。有些事可能讓你拍手稱快，又有些事可能讓你恨恨終日。你也許花半個鐘頭，在體育版上檢討成棒隊爲什麼會輸給日本；你也許爲了社會版上的貪污、殺人、政策錯誤而氣憤不已。有時，你可能跟着報上的五折廣告而上了百貨公司；又有時候，你可能因同情別人的不幸遭遇而慷慨捐輸。這不是很明顯，許多人的行爲都受到了報紙言論的影響，或爲報紙的言論所說服。假如眞是這樣的話，報紙撒一些謊，豈不大家都跟着上當？

這種事實是存在的，但也是爭論的所在，例如，無論報紙說的是眞話還是假話，爲什麼只是部分的人相信或不相信，而不是全體？這就隱含着一種假定——報紙的說服力或影響力，可能只限於具有某種相同傾向的人，而不是改變社會的信仰或價值觀念。跟着廣告買東西的人，本來就有這種需要或貪買的欲望；暴力電影只加強了暴力份子的行動取向；獨裁者不會因讀了一篇宣揚民主的論文而實行民主；只有同情心較強烈的人才會接受輿論救災的號召。諸如此類，都說明報紙訊息與讀者間的相互影響作用，似乎是有條件的。對於具有不同意見傾向的人，報紙言論所能產生的效果似乎甚微，乃至沒有。原因很簡單，他們存心忽視，或根本不理會。

因而，報紙也就不能自以爲控制了言論，可以影響所有社會人士的想法和行爲，除非它能迎合各種思想類型的人；例如使保守派、自由派、激進派都在思想上獲得某種程度的認同，並有差不多相同的行動傾向。可是，這樣的報紙，誰能辦，如何辦？這就是說，即使承認報紙對社會的影響力，它的影響仍然是有限度的，不必過於迷信。

究竟有多大影響力，實在不易計算。但如果我們從社會責任來看，問題就比較單純。報紙應該體認到，訊息一旦刊出，就會使某部分人受到影響；如果訊息不正確，或根本就是造假，使行爲者受到損害的話，它就得負道義責任。道義責任也許沒有財務上的立即損失，可是，如果假訊息越來越多，讀者就會拒絕接受，最後拒絕訂閱。

從另一方面來看，像臺灣這樣快速變遷中的社會，人民在思想和行動上，經常受到強烈的衝擊，必須尋求改變，才能適應工業環境的要求，報紙如果願意善盡社會責任，對社會和報紙本身的發展，都將是有利的。

做爲一個讀者，我們認爲，報紙似乎應該朝下述幾個方面，尋求發展：第一，有系統的指出社會國家發展的方向，例如強調民主、自由、和諧之類，這對建立國家的永久利益將有幫助；第二，客觀而公正的批判社會的黑暗面，使現存有效的價值體系獲得肯定，不良的制度、法律、行爲能逐漸改善，以建立一種穩定的社會秩序；第三，注意政府的政策取向以及社會各階層的整合趨勢，一方面可以減少損失，提高行政體系的能力，另方面可以挽救分裂的危機，使社會趨於和諧。這是就報紙的積極性和理想層次而言，事實上，現存的許多報紙，多未能強調這些功能。

現在許多報紙辦報的目的是什麼，我們實在不太清楚。我們已經觀察到的，似乎都有些負面的意義，例如不斷的在版面上想辦法賺錢，根本忽視消費者的利益；刊佈訊息的惡性競爭，忽略了它的正確性和連續性；過分描述暴力行爲，使善良風俗受到影響；缺乏國際訊息的分析，使我們的社會陷於孤立狀況。諸如此類，需要改善的地方實在很多，都顯示未能盡到報紙的社會責任。

我們既然是一個步向民主的社會，報紙就必須發揮推動民主的力量，這就是西方民主化的過程：輿論——議會——壓力團體。一個好的報紙就必須扮演這樣積極的角色，爲國家社會的發展盡一份力。就此而言，《中國時報》的朋友應該有資格，也有信心扮演這樣一個積極的角色。

（《中國時報》，73年10月2日）

政治民主化

從文化看政治

每一種政治制度，都是由住在某一地區的人羣，經過長時間的政治活動積累而成。它是文化的一部份，正如不同地區的人，具有不同的生活習慣，不同的藝術、不同的思考方式一樣。

無論政治制度或文化，從小處來看，英國不同於法國，中國也不同於日本；從大處來看，古代不同於現代，資本主義社會也不同於共產主義社會 。但是，這種差異並不是永久不變，通常經由傳播的過程，可以做某種程度的改變，乃至完全改變，如基督教、回教文化的普遍傳播，或晚期的工業文化和民主政治，在已開發國家和開發中國家受到完全的肯定，是文化的傳播，也有傳播後的再創新。同樣是民主政治的權力結構，美國政府和英國政府就出現了功能上的差異。這是無可避免的，我們也不必爲這種差異而感到擔心。不同的文化傳統一經形成，模式行爲就會在政治、宗教、社會生活上，顯現某種程度的差異。

官僚組織影響深遠

中國在古代，地區性的文化差別也不小，這種差別也會表現在政治制度上，例如，齊國和楚國，不僅中央和地方的制度不同，連君主的產生方式都不一樣，後來秦始皇統一天下，才把這種地區性差別消滅掉，變成一種中央集權的官僚組織。這種官僚組織維持中國的政治結構二千餘年，它經常跟封建體系同時存在，所以也可以叫做封建官僚組織，這種特殊的政治組織，一方面具有強烈的宗法和封建意識；另方面又具有高度的官僚等級或層級體系，上下階級的指揮系統非常明顯。階級的高低就表示權力的大小，我們從制度層面就可以瞭解權力分配的狀況。

高官厚爵之所以在中國社會成爲一種權力和地位的最高象徵，就由於掌握了實際的特權，以及擁有崇高的社會地位。中國社會中的官僚統治階級與被統治階級的劃分，一直非常明顯；卽使是士人，在沒有進入官僚組織時，仍然是完全的被統治者，不要說對於政治事務，就是對於國家的一般事務，也沒有發言權，至多在鄉下當個太平紳士，做點排難解紛的工作。這種政治意識對中國人的影響非常大而久遠，一直到今天，我們還可以看得出來，官僚組織總是遠離羣眾，去策劃他們的政治事務，而把官職的高低、權力的大小，以及地位的得失，看得非常重要。在可以選擇的時候，官員寧願丟掉一些物質上的享受，也不願放棄職位或權力。

對於這種封建官僚組織傳統的理解，可以相當程度的幫助我們去分析臺灣的政治結構。臺灣的官僚組織，明顯的是承襲當年大陸的傳統，它對於人民是一種特權的統治者，儘管這些人也是來自於我們社會的各階層。經過四十年長久的戒嚴期，這個官僚組織和執政黨便成爲一種牢固的封閉體系，又加強了官僚人員高人一等的階級意識，以統治者的姿態生活在這個逐漸變化的時代。明白了這一點，你就會很容易了解，爲什麼中國的知識分子和企業家，總是千方百計，想進入官僚組織中謀取特權。

應變緩慢手忙腳亂

解嚴後，這種封閉體系顯然面臨極大的衝擊，首當其衝的便是包括議會在內的官僚組織。事實上，臺灣由於快速工業化的結果，在世界性工業體系中扮演了一個頗爲重要的角色，貿易、觀光之類的活動，早就讓人民具有世界性的眼光，特別是限於對西方資本主義民主國家間的交往，使人民對於民主政治有了更多的比較，在意識形態上有相當大的改變。隨着解嚴後的各種開放措施，爲個別團體利益而提出要求的，就越來越多了。這有兩種解釋：一種是反對黨爲了政治權利而號召羣眾，把許多人有意無意的捲入政治利益中；另一種是人民的意識覺醒，懂得如何爲自己應有的利益而提出要求。當前越來越多的羣眾運動和自力救濟，幾乎都是這兩種意識所造成的。

其實，這本來是無法避免的事，民主政治就是要把權力分散，在分散的權力結構下，從爭論、妥協、讓步的過程中，把問題解決。可是，我們的政治結構變得沒有民間那麼快速，覺醒意識也不夠充分，總以爲官僚組織還是一個高高在上的統治體系，因而在許多事件上，都顯示難以應付的局面，最明顯的就是我們常常聽到一些部長難爲、校長難爲之類的抱怨話。從民主的角度來衡量，每一種角色都應該是「難爲」的；做一個納稅義務人，又何嘗好爲？

從文化的角度來看當前臺灣的政治，由於政治結構未能隨着工業社會的快速變遷而變遷，暫時的衝突在所難免；但只要沒有人爲了自我的政治利益，挑起地區差異的衝突，未來的政治民主和社會自由的前景，應該是可以樂觀的。

（《時報新聞週刊》85期，77年1月12日）

論國策與民意

那一年我去瑞典開會，回來時，途經瑞士，在蘇黎世住了幾天，當地報紙還在討論要不要參加聯合國的公民投票。那已是第三次了，前兩次均沒有通過，預計那次也不會通過，原因是瑞士人民認爲，聯合國對他們沒有什麼作用，何必每年花費鉅額經費去當會員？瑞士政府只有接受人民的決定。顯然這是國策完全符合民意的模式。

民主政府向選民負責

民主政府的總統、總理、地方首長、民意代表之類，均定期由人民投票決定，做得好的由選民繼續投票支持，不好的就不再選他。這種方式由西方傳到非西方世界，幾乎已經定型了。選舉時雖然經常受到金錢、暴力、人情的干擾，總比一代傳一代或由少數幾個人操縱，要好得多。最重要的是，由選票選出來的人必須向選民負責，而不必爲特權人物效忠。這顯然也是一種符合民意的國策，一種普遍性模式。

法規、預算、重大國策之所以必須通過中央議會，就因爲這些代表是由人民選出來的，議員必須從選民和國家社會的立場和利益，去考慮政策的公平性。議員也會受到來自選區、利益團體、黨的壓力，有時還涉及自身的旣得利益，難免不產生偏差，這就得靠其他力量來平衡了。民主政府通常由政府、議會、人民和輿論四種力量分工合作，使政治達到比較合理的程度，絕對的公平雖未必做得到，卻也可以實踐到差強人意的地步。這可以說是決策過程中重要的一環，也是民主政治一種常識性的理解，只可惜許多人並不眞的尊重它。

臺灣民意概分為三類

有一種說法是，民意不僅相當分散，也難以捉摸，更不易了解，究竟怎樣才算是眞正的民意，並且具有代表性？這似乎也言之成理。其實，以臺灣目前的工商業社會而論，先了解居民的組成，就不難了解民意。居民大概可以分爲三類：一是勞工階級，包括所有從事勞力工作的人，如農民、工人；二是中產階級，包括所有中上、中下收入的職業人士，如教師、經理、公務人員；三是企業階級，包括各種高收入的工商企業人士，如大企業家、工廠主。這幾類人加起來，雖不一定是全部，大概也是一個社會的主體。民意就是這些人的意見。這些人也會爲自己的利益講話，特別是企業家，他們的發言權可以大到難以估計，我國戰國時，兩千多年前的商人就可以交通王侯，今天更是神通廣大。這就要爭論，乃至妥協，最後達到大家都能勉強接受的程度。我們不應該害怕爭論，無論在政府，在議會，在教室，在報紙雜誌上，都可以爭論，只有經過激烈的爭論，才能獲得可行性較高的政策成國策。一言堂的時代顯然已經過去了。

國策須以民意為依歸

了解民意的方式有許多種：一種是透過議會，由議員向政府官員提出質詢或要求，表示某些人有某種意向或主張，希望用政策來達到目的；一種是透過輿論，把各階層的意見公正的反映出來，政府可以用爲制訂或修訂政策的依據和參考；一種是透過調查，可以發現居民需要什麼，或抱怨什麼，以改善策略；一種是觀察社會現象，從現象中去了解民意的趨向。這就是所謂「民之所好，好之，民之所惡，惡之」的原則，政策也好，國策也好，都必須以民意爲依歸。這是沒有辦法的事，政策再好，如果人民都不喜歡，恐怕也只有暫時擱下來。強迫實施的話，後果會不堪設想。這就是爲什麼，即使是在從前的君主專制時代，也不得不某種程度的順從民意，不敢一意孤行。

發掘民意順應新趨勢

現在我們強調民主政治，自然更應以人民的意向爲主；解嚴後，這種趨勢就更爲明顯。畢竟官員是由納稅人花錢僱的，總不能讓老闆順從僱員的意見而生活吧？我們盼望官員們能及早發掘民意，把一些不合時宜的國策修正過來，這樣才是民主社會。

（《自立晚報》，76年8月3日）

民主是一種緩慢過程

一些對民主持保留態度的人總是說，民主政治有許多缺點。這確是事實，不過，話又得說回來，什麼制度沒有缺點呢？我國行了兩千多年的君主專制，從來沒有使人民的生活獲得改善；近代的納粹主義、軍國主義、共產主義，往往把人帶到瘋狂的境地，不管人民的死活；第三世界的軍人或個人獨裁，同樣沒有把國家和人民照顧好，乃至民不聊生。這樣的制度，缺點顯然更多。

從非西方國家的民主政治發展來看，我國的民主制度，可以說得風氣之先，採行得非常早，只可惜過多的內憂外患，擾攘不安，或人謀不臧，使民主政治在原地踏步了幾十年。最大的挫敗，莫過於中、小學的民主教育，以致到了今天，不要說民主理念，甚至連民主程序都不懂，有不少人根本無法用民主方式主持一個會議，或當好一個主席。

這也許還只是些小事，民主的基本精神，在於把權力作比較合理而公平的分配，分配不是分贓，由權力大的人，分一些給權力小或沒有權力的人，由掌權的政黨分一些給沒有權力的政黨。這樣的話，只是爭權奪利而已，沒有什麼民主可言。民主所要求的是，基於人權的普遍性和公平性，建立一套權力分配的民主制度，一種自由的生活方式，不保護特權，也不受特權威脅。從民國元年臨時大總統所公布的臨時約法，到現在的憲法，都規定個人和團體基本人權的自由，就是為了實現大家都樂意接受沒有特權的民主制度。

在民主過程中，由於改變某些現狀，不免使既得利益者受到一些損失，而產生抗拒的現象；若干新興勢力，又表現出急於獲取權力的意圖，這就迫使形成攤牌的緊張情勢。目前我們的社會，正顯示了這種令人憂慮的情境。其實，不同個人或羣體間的利益衝突，無論是來自權力或財富分配方面，在工業社會中，總是不可避免的，只要大家不完全是為了私人利益，而還能為整個社會前途着想，在民主制度下，這樣的衝突，仍可經由談判或妥協的方式，獲得解決。

作為國民的一份子，我們不希望任何人或團體，在民主過程中使用暴力，暴力必能帶來報復，報復的惡性循環，將使整個社會陷於萬刼不復之地。那時候，不要說民主制度，就是想保全一點現有經濟成就也不可得。實踐民主是一種緩慢的過程，千萬不要想一步登天。

（《中國時報》，76年6月15日）

選民的政治責任

從一個選民的立場來看，選舉就是要用選票把日常在公務機關幹活的人找出來。這種幹活的人可以分爲兩類：一類是負有建立制度和監督政府責任的人，如立法委員，另一類是負有執行政策和實際行政事務的人，如縣、市長。這些人能不能當選，就靠選票的多寡來決定。

在這個時候，選民的價值自然最高，換個方式來說，選舉期間，候選人說盡甜言蜜語，拜託選民投他一票；當選後，就是選民拜託他，看他的臉色了。投票，顯然是一個關鍵時刻，也是一個重要的轉捩點。

選民爲了自身的利益，爲了社會政治的進一步發展，就必須愼重選擇，以選舉立法委員爲例，他們將來要在立法院制訂法律、監督政府，成績的好壞，就在於這次選出來的人是否適當。我們認爲，一個具有強烈政治責任感的選民，對於候選人的理性選擇，應該從下列三個方向去觀察和思考：(1) 權力和財富欲望。一個人當選立法委員或國大代表，除了擁有高薪和高地位外，多少還有些政治和經濟上的特權，這些特權可以用來爲選民服務，也可以用來爲自己升官、發財。你千萬不要選上一個只爲滿足個人權力和財富欲望的人進到立法院。(2) 服務的熱忱。從候選人現在的職業和工作態度，大致可以了解，他將有多少時間用在委員的專業職務上。如果無法在國會專心從事有關選民和國家政策的辯論，就做不好專業委員的工作。您必選擇具有高度服務熱忱的人。(3) 社會和國家理念。當選人除了爲選民的利益說話外，還需要他們在社會國家發展的整體策略上，提供高瞻遠矚的意見，以期達到更高層次的政策目標。特別在目前的狀況下，我們對國際政治、經濟的依賴性相當高，政策上稍一不愼，就可能危害到整體利益，我們必須選擇爲國家社會盡力的人。

如何抉擇，就靠選民的理性和責任感了。

（《中國時報》，75年12月6日）

一個選民的「拜託」

宣傳車上傳來尖銳的女高音：「拜託，拜託……」這是候選人忙着拜託的時候，拜託你投下那神聖的一票，讓他當選。當選了幹什麼？爲民主盡力。

實際上，投票只是民主的開始；無論候選人或選民，更重要的工作還是在選舉以後。如何實行競選諾言？如何爲全民服務？如何監察當選人？如何進一步鞏固民主作業方式，建立健全的民主制度，減少特權，增加參與的機會……這一連串的工作，可眞不輕鬆。作爲一個像我這樣的選民，有時候眞不知道要投給誰才好。每個候選人都把自己說成選民的救星，似乎只有他當選了，這個社會才有救。眞有這樣大的本領嗎？我大感懷疑。有時我不免要想：那麼多偉大的競選諾言，將來從何做起？

我們國家搞了幾十年的選舉，今天只能做到這個樣子。這個樣子還由於三十年來的安全和經濟成長，可見建立一個制度眞不容易，我們實在不能不珍惜它。前些天，義大利大地震，一個居民對着倒塌的漂亮房屋，流着眼淚說：「我幾十年的努力，幾十秒鐘就把它毀滅了。」民主制度是要慢慢的下功夫的，急不得；不要怕成功慢，就怕不往這條路上走。其實，從文化發展的線索來看，人類那一個行動不是慢慢學習得來的？歷史上眞正偉大的人物都是慢慢的爲人類立千秋萬世之業，創建許多制度，如黃帝，如孔子。我們現在邁向一個新的時代，目的就是爲後世建立一個有效的民主制度。這需要當選人的努力，也需要選民和許多決策者的努力。

基於這些原因，我們因同意你的政見而接受拜託，投下使你當選的一票。可是，作爲一個選民，我也要鄭重的「拜託」你，注意實踐下列幾件事：

(1) 不要接受私人委辦的私事。你的任務在於爲廣大社會羣眾盡職，不是爲了某些特殊的個人和團體。

(2) 不要把競選諾言丟在腦後。你既然當選了，就必須努力爲社會做些有利的事，否則，又何必把你們選出來。

(3) 不要專爲自己賺名利，而不去參加會議。以立法委員爲例，立法、質詢、審查預算等是專責所在，必須澈底執行。

作爲一個選民，我們很重視你的言行一致，你對國家社會的忠誠。我們很希望因你而加速了我國的政治民主化。我們會忍受一些因民主而帶來的缺陷，因爲，不民主的缺陷更大。

(《聯合報》，69年12月3日)

權力取向與民主

作爲一個選民，冷眼看這次地方選舉，有幾個好的特色：一是在公職任內爲選民和社會努力工作的候選人，大致都高票當選，顯示選民不但理性，而且經常注意公職人員的行動和表現，這種選民和候選人都值得讚揚。二是訴諸不理性競選行爲的效果降低，多數選民已能在眾多候選人的政見和競選活動中，選擇自己滿意的人。這顯然是選民的進步。三是選民投票的個人取向相當明顯，不能完全用某一集團利益加以限制或指導，這對民主政治的多元性選擇，具有加強作用。當然，也還有些不理想的地方，例如，某些不該當選的人當選了連任，不該被提名的人獲得了提名。不過，無缺點的選舉，幾乎不可能，祇要每次都有些改進，也就差強人意了。

民主還是權力？

這種選舉究竟表現了什麼？民主參與，還是個人的權力取向？有時候，這是很難分得清楚的。但是，從目的上來說，還是可以分辨，當你參與選舉時，你是爲了推行民主政治，還是爲了權力和特權？如果是後者，那就是權力取向。旣然爲了權力，就志在必得，只有當選後才能取得特權，有了特權才能維護私人利益。從這種原則來看這次選舉，爲民主而參與選舉的人不能說沒有，可能極少；大多數人是爲了個人的權力。個人權力的膨脹，有些當選人也許仍然可替選民和社會做點事，但對民主政治本身不會有什麼幫助。

民主政治有隱憂

對選民來說，誰當選都一樣，只要他有推行民主政治的意願和能力。民主政治有很多壞處，例如，選民盲目的把不適當的人選出來，當選人只顧私利沒有社會責任，特別是把利益集團的代表或黑社會中的人選出來，嚴重影響政治的正常運作。可是，我們也要了解，它也有許多好處，例如，權力轉換時不至殺來殺去；多少有些受選民監督的作用；可以利用選票把不適當的人去掉；不至造成個人或家族的長久特權。不過，如果多數當選人都只是爲了個人的權力或利益，那就無法使眞正的民主政治向前發展了，這實在是民主政治的一種隱憂。

利用權力去推行民主政治，自然有許多方便之處，如修訂法律、建立制度等，但民主基本上不是要求權力均等，而是一種辦事精神，甚至只是一種手段，所以在民主的過程中，妥協、容忍都非常重要。它的終極目的不是獲得權力，不是爲了當選公職人員，而是利用民主這種手段，使人民獲得應有的自由。例如，不受特權的威脅，有參與和不參與的自由，有選擇上的自主權。

民主的基本目的

這樣說來，從民主政治的觀點着眼，自由的競選，自由的投票，比能不能當選更重要。當選只能表示個人的觀點、能力，或相關品質受到支持，如果在未來的政策上不能實現，或不能滿足選民的需求，就無法再行當選。選民在投票時也應該顯現這種力量，使當選的公職人員不敢不在議會中努力，不敢疏忽地方建設。這樣的循環運作，其實只是一種民主的方式，不在於權力。

也許有人說，不進到議會，如何推動民主？可是，反過來的話也一樣，如不是爲民主，進了議會又有什麼用？議會中的民主只是一種議事方式，社會人民所要求的民主實際是一種生活方式。所謂生活方式，就是任何個人和團體，無論在思想或行爲上，都能表現個體的自由意志，不受到外來的威脅或不平等待遇，只要不妨礙他人、不訴諸暴力。例如，每人自由的投一票，依個人興趣組織俱樂部，因鄰里需要組織互助團體，由於不同的利益而參加社團，自由的著書、立說，等等。我國在春秋戰國時代，從當時的貴族政治下解脫出來，靠了孔子的倡導，在思想上有幾百年相當自由的生活方式。後人卻把孔子當作主要的乃至唯一的思想模式，實在是一種誤解。今天，我們如能再一次推行那種思潮，中國文化必然可以製造另一個黃金時代。

予個人尊重自由

我們在推行民主政治的過程中，千萬不要只是一種權力取向，民主的極終目的在使每個人獲得應有的尊重和自由。

（《自立晚報》，74年11月25日）

政治改革的共識基礎

執政黨蔣主席在宣佈兩大政治改革的中常會上說：「時代在變，環境在變，潮流也在變，因應這些變遷，執政黨必須以新的觀念，新的做法，在民主憲政的基礎上，推動革新措施，唯有如此，才能與時代潮流相結合，才能和民眾永遠在一起……（我們）一定要積極推進，徹底執行，儘速完成。我們要讓大家忙碌起來……切實達到改造的績效與成果」（十六日各報）。

我們引述這段話，主要是因爲其中幾個重要觀念，值得引伸討論：第一，把變遷作爲政治改革的前提，非常合於工業社會的要求，我們盼望有關各部門，能普遍具有同樣的共識，以應付這種快速變遷的環境；第二，民主憲政是建國目標，也是全民的共識基礎，我們在運用專業知識討論時，應體認這種善意，不能曲爲解說；第三，不能徹底執行政策，多年來一直是行政機構難以改善的缺點，我們希望從此能一改過去積習，共同爲建立一個民主自由的社會而努力；第四，政治改革必須獲得預期的績效與成果才算成功，而要成功，就必須大家忙碌起來，切實而認眞的去做。

我們要了解，解除戒嚴和允許新的政治團體或政黨出現，只是結束某些特殊控制，回到民主憲政的第一步，並不是在一夜之間，我們就變成了另一個國家。一切改革工作，不僅需要我們誠實的去執行，還需要我們耐心的去爭議和等待，不必操之過急。在這種政治改革的過程中，全國上下必須具有一些共同的認識：其一是，執政黨將可能面對更大的挑戰，但以目前所擁有的人才和經濟資源而言，只要改善一些運作方式，在新的挑戰下將會有更好的成績；其二是，各級機構在執行政治改革計劃時，應體認爲全民利益而工作的信念，使任務圓滿達成，不能稍存施恩心理；其三是，將來的政治團體不僅應站在平等線上公平競爭，還應確實遵守民主原則，爲住在臺灣，乃至全中國人民謀利益，不能也不應有地域觀念，否則，就是暴力——意識型態上的暴力。

我們可以肯定的相信，這項改革，對於社會的穩定與和諧，一定會產生積極的作用，如果認眞去做的話。

（《中國時報》，75年10月19日）

解嚴後的政治與社會改革

政府宣佈解嚴後，這幾天的新聞非常熱鬧，大家都在忙着討論該做些什麼，海上釣魚，山中旅行，或別的什麼計劃，好像忽然清醒過來，從前有許多事情沒有去做。

結束軍事統治恢復正常生活

其實，從實際的意義去了解，解嚴不過是結束軍事統治，讓居民去過正常生活，一切行爲，包括個人和羣體，都不必再受到軍事的干預。任何形式的政權，民主，個人獨裁，或軍事獨裁，當面臨外來威脅或國家危機時，都可以宣佈戒嚴，威脅或危機不存在時，就解嚴。戒嚴前的政治和社會是什麼性質，解嚴後也不見得會改變，唯一不同的是，戒嚴期間可以動用軍法去解決一些棘手的問題，解嚴後就沒有這樣方便。解嚴的眞正意義是，把原來的非常態狀況，恢復爲常態，居民不再受到軍事管制的威脅。

正如政府所強調的，我國在戒嚴期間，並沒有完全實施軍事控制，所以一般居民並不十分受到干涉，但是，一旦發生衝突，政府就會採取較有利的立場，用戒嚴法處理。這對民主政治的發展，是一個嚴重的阻礙。解嚴後，我們的政治和社會是不是就完全開放呢？這要看政府和人民的態度而定，如果政府有意加速政治民主化，人民也有爭取民主的強烈意願，則將會積極的從事政治和社會改革，否則，仍然會停滯不前。

就目前的情勢而論，執政黨沒有理由在民主的道路上中途停下來觀望，理由之一是，經濟自由化和國際化所帶來的開放社會心態，無論中產階級，勞工階級，或資產階級，都樂於接受，已不是任何行政措施所能阻止；其次是，只有跟着而來的政治民主，才能容納自由的社會和經濟制度，以及相當程度的維持已有的經濟成就。這是西方社會曾經走過的路，幾乎沒有選擇的餘地。繼續社會政治改革的意義，就是爲了建立一個民主而開放的社會。

把政治口號轉化為可行政策

我們的經濟已經向自由化邁開了一大步，接着而來的政治和社會改革的方向，似乎也不難肯定。連日來，執政黨在許多場合，一直強調加速政治民主的重要性，顯然已爲解嚴後的政治改革，提出了一些可行的方向，我們希望負有決策任務的行政機構，勇於任事，把執政黨提出來的口號，釐定爲可行的政策，付諸實施，才具有實質的意義。

在政治方面，有幾個重要的主題，已經談了多年，應該立刻就可以考慮付諸行動。其一是政治的公平競爭問題。開放政黨和政治社團，不只是增加公平競爭的機會，也使執政黨增加競爭能力，免於腐化。民主在非西方國家的移植過程，總是非常艱難，執政黨如果能爲整個國家未來的發展着想，主動調整權力分配的方式，對民主政治的穩固與開拓，將有積極的推動作用。這包括在野黨活動、中央民代改選、本外省籍諸問題。其次是調整行政組織問題。目前各級公務人員膨脹的速度，的確已到了令納稅人驚訝的程度，歷史上從沒有過這樣的現象。再這樣下去，我們擔心將惡化到使行政體系解組。到了那個時候，想改革怕也來不及了。我們認爲，改革可以從兩方面着手，一方面是試圖把中央到地方的級距縮小，不僅縮減人員，也可使命令直接下達，增加行政效率，許多小面積的國家，都沒有這樣龐大而複雜的官僚組織；另方面是試圖把所有妨礙民主化和自由化的法律規章加以廢除，合併，或簡化，公務人員沒有可乘之機，貪污的事就會降低，間接也可以增加行政效率。

社會改革應從教育社團着力

社會改革也可以從兩方面出發，一是學校教育問題。學校應讓學生多學習民主生活，養成獨立、自主、開放的個性，將來不僅容易適應社會環境，而且增加個別創新的能力。學生的可塑性甚大，一開始就把他們束縛在一個小天地裏，將來的發展就受到限制，甚至養成一批只知點頭說是的國民，這對國家的前途絕對不利。開放的步驟可以朝着幾個方向發展，如鼓勵各級學校的教學民主化，使校園活潑起來；不必限制使用國定本教科書，使各種知識有平衡發展的機會。

二是社團活動問題。工業社會的社團活動，有替代早期家族和鄉里的性質。幾十年的戒嚴期，使社團功能萎縮到極低的程度，現在必須設法鼓勵居民從事這方面的活動，才有可能使居民生活從鄰居、社團中，獲得補償和幫助。多年來的社區互助無法改善，就由於缺乏社團活動，同一個公寓或社區中的人，彼此連認識的機會都沒有，如何互助？

我們認爲，一切的改革，都不能停留在口號上，必須以實際的政策和行動，使口號變成事實，這才有實質的意義。未來中國的工業和民主，就要由今天的政治和社會改革爲起點，實在不必再遲疑。

（《時報新聞週刊》，76年7月21日）

論議會裏的官員和議員

這裏所說的議員是指各級民意代表，從地方的鄉鎮民代表至中央各類民意代表； 官員是指可能到議會報告施政和答覆質詢的各種官員，從地方至中央。這種分類，主要是爲了適應本文所要討論的一些問題，特別是在議會中許多辯難的問題。

議員（本文所泛稱議員，即前述從中央到地方各階層的議員，以下同）在議會中提出質詢，實際有兩個重要目的：一是政策上規定要做的，爲什麼沒有做好？這種質詢可以使官員不敢怠忽，必須盡力做好自已該做的工作 。二是選民要求政府做的， 希望政府趕快設法處理，以符合選民的要求。這種質詢雖未必能立即解決問題，卻可以促請相關機構加強行政措施。兩者都是積極的，有督促行政單位加強行政效率的作用，這也是議會的最大功能。

行政部門的主管單位都得到議會去報告，議員所面對的問題就特別多而複雜 。一個議員也許是學法律或經商出身， 如何對衞生、教育、下水道、交通、人口之類的具體問題進行了解，並提出質疑，甚至進一步要求加強執行？這是一個相當難的難題；反過來，面對那麼多不同背景的議員、不同要求的質問，甚至不同的滿意度，官員要用什麼方式提出答詢，才能合乎原則，又滿足需求？這也是個相當難的難題。

因而，作爲一個民主政治中稱職的議員，在他被選民推入議會的時候，就必須作一些適當的決定和選擇。第一，他必須把私人事業交給旁人去經營，把大部分時間投入議會，因爲那裏有太多的行政事務需他去發揮監督的責任，否則就有虧職守。所以，當我們這些選民在電視上看到議事堂空蕩蕩的時候，心裏眞是難過極了，議員難道心安理得的不出席會議？這算什麼民主政治？選民也痲木了嗎？爲什麼下次還選他？因爲這些議員根本無視於選民的存在。議員、選民、官員，實際是一種互相牽制的三角關係，選民如果與官員無法直接溝通，遇到困難時，就由議會居中處理。在民主政治的運作過程中，議員實在非常重要，如果連出席會議的時間都沒有，或沒有興趣，最好不要去競選議員，那將帶給你痲煩。第二，議員必須勤於讀專書或請教專業人員，以便對非本行領域獲得新的專業知識，容易行使質詢權，這樣，工程的追加預算超過原預算之類的怪事就不會發生。外行的質詢，會讓官員一句話就唬住了。一般補救的辦法是用助理搜集資料，舉辦聽證會以聽取專家意見。可是目前在我國沒有實行這種制度，議員得不到幫助，因此許多重要的政策性問題，都在議會裏誤打誤撞，根本不是分析問題，只是吵來吵去。第三，議員必須學習如何爲選民服務，那些是應該協助的，那些又是應該婉拒的，不能有求必應，事實上也不可能有求必應；有些違規的要求，尤其應該拒絕，例如爲犯罪者說情，爲違建戶請命之類。這類特權的利用過多，不僅危害議會，也危害民主政治規範。第四，議員必須了解聽取別人意見以及容忍別人意見的重要性，在議會裏每個人的地位是平等的，意見也一樣重要，除非經過表決，選擇了那一種意見做爲最後的定案。議員在議會中的發言對外不負責任的意義在此，多的是吵吵鬧鬧的原因也在此。如果一言不合就開罵，或指責別人，那是人身攻擊，絕對超越了議事範圍。民主的議事規範是爭論、妥協、表決，用理性據理力爭，最後是尊重少數，服從多數，儘量把可行的策略都歸納進去，不要總是以大吃小。

官員在議會裏具有先天的不利條件，一方面要爲政策辯護，爲已有的功績或缺失提出解釋，另方面還要應付議員私人請託，請託沒有辦好的話，質詢便可能更爲火辣。所以現代的官員必須具備一些基本的認識，否則就會形成矛盾或衝突，將更不易完成任務。第一、官員答復質詢，必須說眞話，是則是，非則非，據實以告；說過一次僞話或搪塞的話，以後便難以取信於議員和選民了。有必要的時候，應該以事實力爭或力辯，只要不是強辭奪理，或推卸責任。應該有一種抱負，可以不擔任這個職務，卻不能不把事情弄清楚。議員有查詢的權力，官員有答詢的義務，但不能隱瞞事實。第二、官員對自己所掌理的業務必須完全熟悉，無論優點或缺點，都應非常了解。如果一問三不知，或事事仰賴幕僚遞字條，或只能念念已經撰好的報告，就無法避免議員的指責與輕視。即使不遭指責，這種官員恐怕也難以爲繼。官員和議員一樣，都是爲社會大眾服務，不可以只拿錢不幹活。第三、官員在議會裏和議員的地位是平等的，沒有理由爲某些議員擺佈，或接受謾罵。如果官員執行政策有偏差或錯誤，自然應該接納建議，並保證改善；再不然，還可以辭職謝過，但彼此仍應保持人格上的尊重。議會裏罵來罵去，絕不是民主風範的表現，民主就是要爭論、讓步，然後達成協議，不一定大家都完全滿意，但能接受。下一次還有機會提出來重新討論。這一次的少數，下一次說不定就成了多數。衝突是難免的，但解決衝突卻是民主政治過程中的正常途徑，所以我們不必怕衝突，問題是如何去解決衝突。

就理性而論，官員和議員同樣是爲社會大眾服務，不同的是官員負責執行政策，達成政策所要求的目標，如果成功了，或是超過了預期的成果，就是合格的官員，有時還應該獎勵；議員是監督政策的效果，如果失敗了，就要求檢討和改正錯誤，議員在議會裏如果不能這樣做，就是失職。兩者扮演不同的角色，卻是爲着同一的目標，應該不會有太大的衝突。但是，我們從傳播媒介上常常看到許多不愉快的言論和行動，實在不知爲了什麼。

報紙上報導，一位議員對官員說，「這種事都辦不好，你應該辭職。」官員無言以對。質詢似乎不應該討論要不要辭職的問題，那是行政上的手續。如果議員眞要壓迫官員辭職，只要把他的失職事件一一抖出來，就非辭職不可了，何必說不是自己權力範圍內的事，給予人以不適宜的印象？官員在議會裏也應該扮演得像一位官員，如果自己沒有犯錯，儘可立即辯護，如果錯了，即使議員不說，自己也應該辭職，以示負責。無論議員或官員，祇要做得恰到好處，不爲私利，而爲社會大眾的利益盡力，就都是稱職的議員和官員。

做議員最容易犯的錯誤是，爲了選票到處亂說人情，甚至違規也不管；爲自己的利益，利用特權，到處包攬工程，還不把工程做好；爲自己的政治前途，專門爲行政機構護航，完全不顧選民的利益；不去了解社會，不參加會議，完全不關心社會的發展。我國各級議會在會期中議員出席率之奇低，與前述現象可能有很大關聯，這對我國民主政治的發展可能產生不良影響。因爲只有在議員踴躍出席會議、認眞質詢的條件下，才能使行政人員不得不努力工作，克服困難，以完成政策目標。

在民主政治的運作過程中，官員不應把議員視作故意挑剔、找麻煩的人，執政黨也不應把黨員的質詢視作違反黨的策略。在議會中，議員只是爲所有社會大眾發言，是與非均以國家政策和利益爲標準。

如果脫離了這個範疇，議員的立場就值得懷疑了。選民還是以這種方式觀察議員的行動，其結果自然牽涉到下一次當選與否的問題。

我們希望，爲了我國民主政治的正常發展，無論議員或官員，都應朝積極的方向，扮演合適而正確的角色，使我國民主政治更上軌道，那將可以塑造一個歷史上的黃金時代。我們社會上有那麼多的聰明人，至少在選舉的時候，總不至於玉石不分吧。

（《中國論壇》17卷10期，73年2月25日）

去私・存誠・改革

日昨執政黨十二中常委在集會中通過了卽將研議的六大政治議題，作爲政治改革的政策目標，這六大政治議題是：中央民意代表機構問題，地方自治法制化問題，國家安全法令問題，民間社團組織制度問題，社會治安問題，黨務工作問題。據新聞報導，執政黨主席曾指示，要以配合民主法制社會發展爲研議目標。這樣的主動而公開的強調某些重大政治問題，實在是一種可喜的現象。

站在國民一份子的立場來看，黨務工作爲執政黨的家務事，似不必和其他議題並爲一談，所以實際祇有五個政治議題。這五個議題，就其性質而論，可以分爲三類：中央民代與地方自治同屬機構的調整與合法化問題；國家安全與社會治安同屬社會安全問題；民間社團則爲一單獨的問題。假如從這三個層面去研議，也許可以避免一些重疊和牽連的糾葛。

我們深信，中常委諸公一定會以過人的智慧、能力和經驗去研討這些問題，並提出合適而可行的對策；我們也深盼，諸公能以最大的度量、膽識和勇氣面對世界性的政治挑戰，爲我國政治發展的遠景開出一條坦途。基於這種信念，我們就覺得，除了上述諸問題之外，也許還可以酌增一些政治議題，一併討論，以收相得益彰之效，例如政黨政治運作的可行性問題，籍貫或出生地的認定與登記問題，統一中國大陸的策略性問題。把這些所謂具有高度政治敏感的問題同時討論，將不僅可以獲得更多實際的成就，還可以提高國人的政治認同感。不知諸公以爲然否？

無庸諱言，討論政治問題，必然牽涉到權力分配，這也就是它的困難處。克服這種困難，大致可以運用兩個觀念做爲工具：一是去私，即以社會全體人民的利益爲前提；二是存誠，即以解決政治衝突爲條件。我們眞的期盼，我國的民主法治基礎，將在這樣不斷的革新和有效執行下，日益壯大。這對未來中國的統一工作必能產生極大的影響力，不祇以政治改革維持社會安全而已。

（《中國時報》，75年6月22日）

政治影響經濟成長

據一份研究報告指出，目前影響投資意願的是政治的不穩定性。我們沒有做過這類研究，但從兩個簡單的事實可以看出這種現象：一是臺灣居民大量移民國外；二是許多廠商藉名國外建廠，大量套滙資金，在國內則向銀行貸款養債，最後無法維持，就要政府支持，或宣佈倒閉，逃竄國外。吾人發現，沒有一個政治穩定的國家，會有這種反常現象。

民主社會的政治不穩定至少包含三個層面：一是對未來的政治前途，無法預知，例如會不會發生戰爭，可不可能產生暴動和混亂？二是人民對政治的參與太低，無法理解運作過程，對政治產生疏離感，例如投票的選擇性太少，不能隨意組織社團；三是特權過份膨脹，使人民對政治喪失信心，例如缺乏公平競爭制度，保護特殊人士利益。在既有的政治體系中，一旦出現這類現象，居民就會尋求機會外移，企業人士則不僅不願意增加投資，而且還會趁早脫產，把資金轉移到外國去。

前些時候，有不少人公然指責，影響投資意願的是社會福利政策、勞動基準法、銀行利率過高、銀根太緊……。現在從許多已經發生的重大個案去了解，顯然都是有意的詐欺，或者根本就是資金轉移國外過多的結果。像這樣的企業困境，甚至是明顯的詐欺和不法行爲，政府還值得用特例去救濟嗎？決策者有沒有考慮過，特別救濟的結果，可能加深了特權的運用；而特權正是導致政治不穩定的重要因素之一。這樣的惡性循環，欲求維持經濟上的正常運作且不可能，如何能增加投資意願？

臺灣幾十年的工業化經驗，政治影響經濟發展的事實非常明顯，例如早期的土地政策，後期的工業政策，如果沒有政治制度上的改善，則將成爲不可能。我們亟望政府能立刻採取必要措施，革除那些造成政治不穩定的因素，如此不僅有利於經濟的繼續成長，也有利於社會和政治的進一步發展。

（《中國時報》，74年7月21日）

中國式談判

前幾年，政府大力推行梅花餐，用意甚善，這是大家都知道的。私下裏卻不免猜想，它的成功率究竟有多大。原因很簡單，用「飯局」來表示招待親友的誠意，爲中國人重要社交方式之一。如果把價錢和菜式統一起來，就無法顯出交情上的親疏遠近，這不合傳統文化。我們是一個相當高度關係取向的社會，宴會可以用來建立或維持關係，甚至取得信賴，具有積極的功能。雖然有時候跡近浪費，似乎也想不出更好的辦法。在飯桌上討論問題，的確沒有會議桌上那麼嚴肅而緊張，往往比較容易達成協議。

邀宴協調袪除緊張氣氛

也許就是基於差不多相同的想法吧，前些時，幾位政論與學術界人士，陶百川、胡佛、楊國樞、李鴻禧諸先生，聯合邀宴幾位政治界人士，希望在餐桌上作一些意見上的溝通。傳播媒體譽爲政治體系上某種程度的突破。事後得知，他們在餐桌上也的確達成了幾點協議，不管將來的發展如何，彼此能坐下來，平心靜氣的分析問題，總是件可喜的事。我們眞的樂見化衝突爲祥和。這是個頗爲棘手的問題，因爲他們要處理的，牽涉到權力分配。我們不知他們如何吃這頓飯，什麼餐，又怎樣安排座位。但依據傳統的方式以及國人待客之道，酒席一定在中上之間，座位必然以長幼爲序。酒過三巡，從不相干處打開話匣子，逐漸導入正題——這叫中國式談判。

中國式談判有幾個優點：第一、沒有議程，可以從任何一處開始或結束，也可以超越預定計劃，結果固不易控制，也不至於鬧成僵局；第二、沒有時間表，談到那裏算那裏，這次沒完，下次還可以再談，參與者可以放心去試探，不必急於獲得結論；第三、沒有太大的負擔，預期達成的目標，彼此既不十分清楚，就不容易產生挫折感，對以後的談判會有利。當然，這種談判方式也不是沒有缺點，例如可能會沒有成就感，時間也許拖得很長，或竟至無功而退。不過，消極而言，許多比較敏感的政治問題，能夠讓有利害衝突的雙方，坐下來交換意見，本身就是一種成就。其實，許多重要政治問題，如中央民意代表，對大陸的策略，省府組織法、黨禁與報禁、戒嚴之類，執政黨內部又何嘗不能以中國式談判方式，廣泛交換意見，再決定政策上的取捨。因爲這是一個變遷極快的工業社會，任何政策執行太久的話，都可能失去時效，如果不針對變化修改策略，那是很可惜的事。

民主政治無非談判政治

從某方面言，民主政治也是一種談判政治，是一種說服的過程，透過各種各樣的談判而達致協議。民主政治有不少不盡理想的地方，如選出來的代表未必稱職，代表太看重私人或黨派利益，但最大的好處卻在於放棄暴力，而用選票和談判解決權力和利益問題。暴力不僅使敵對雙方和無辜居民受到傷害，也使整個社會陷於沒有秩序的局面。這決不是我們所願意見到的。我們建議改革，提倡民主政治的目的，也是盼望把社會帶到更理想的境界，而不是把它攪得更亂。

談判可以使少數人的意見有機會提出來，並獲得尊重。多數和少數只是一種趨勢，今天的少數也許就是明天的多數，這在選舉過程上是常見的現象。談判如果具有較大的彈性，以及讓步、妥協的精神，成功的機會就會比較大。一種可行性較高的結論，通常是談判雙方都不滿意的條件。正因爲如此，才具有妥協的意義，如果一方太滿意，另一方就會拒絕，這會使得無法繼續談判。

知識分子權充談判橋樑

知識份子如果不涉及任何一方的權力和利益，又有興趣的話，可以扮演協調的角色。多半的知識份子有些理想，也有些專業知識；不過，祇是條件還不夠，他必須公正、明辨是非、獲得信任，以及有耐心、有說服能力，而又不居功。這就是談判雙方的橋樑。到某一階段，橋樑還必須拆除，讓雙方直接去面對困境或利益，以加速其談判進度。

我們所以強調這種中國式談判的重要性，因爲它合乎中國人的行爲方式。利用我們熟悉的方式去進行政治談判，遠比坐在會議桌上的西方模式要好得多，對於解決衝突的可能性也大爲提高。這將有助於當前我國民主政治的發展。

（《自立晚報》，75年 5 月19日）

值得尊重和提倡的行動

婦女代表向立法院遊說

報載，二十日下午，一百多位婦女代表到立法院陳情，請立法委員「尊重婦女們自己的意見」，支持墮胎合法化，也卽是要求趕緊通過優生保健法。

表達當事人感受看法

婦女爲了自己的切身利害，向討論法案的議會提出意見，說明當事人的感受與看法，不但是一種正當的途徑，而且是一種值得尊重和提倡的行動。我們知道，議員雖然來自民間，但與國民和社會的隔閡還是存在，這有幾個原因：第一、有的議員做得太久了，深居廟堂，已經不十分了解民間疾苦，有的甚至無意去了解，民間需要什麼，國家、社會需要什麼，他們根本不知道。第二、有的自命爲炎黃子孫，正在承擔保存國家文化、種族的責任，卻不知這個世界已經變了，國家的處境也正在改變中。第三、有的死守着某些教條，一成不變，凡是與教條不合的，都認爲是離經叛道，不願意去了解一下當前發展的趨勢。有了這些知識上的缺失，才使得許多法案在議會討論時，難以溝通，更不必談說服了。如果有關的當事人組織起來，提出說明、意見、和主張，一方面可以讓議員對事實眞象有進一步的了解，另方面也可以讓他們知道民意之所在。所以我們認爲，婦女對優生保健法提出關切的意見，是值得尊重和鼓勵的。不僅這一法案，就是其他法案，如還在討論中的勞動基準法，都可以採取相同的手段，讓議員知道當事人的深切關注。

持理性爭論表現壓力

民主政治跟獨裁政治的差別就在這裏，獨裁政治把不聽從的對方殺掉，民主政治在議會裏作理性的爭論，最後總會取得協議。我們強調議會政治，就在於它是講理的。話雖如此，議員也不見得全講理，議會裏的理究竟靠什麼去溝通？這有三種途徑，或者說三種工具：一是議員，從理論而言，議員當然應以選民的意見爲意見，但有的議員並不這樣大公無私，而經常爲個人的和小集團的利益說話，例如議會中的資本家集團、地區集團，這就會使選民的利益受到損害。二是輿論，原則上它必須反映事實或眞實，它可以把不同的知識或事實呈現出來，讓議員和選民有所了解和選擇，然後作成決議，但輿論有時也有偏頗，特別是傳播媒介處於高度競爭的時候。三是壓力團體，這是指替自己的團體利益提出辯護，對方是不是接受，那得看運作的技巧和牽涉範圍的大小。三者都可能有所偏，然而卻是民主政治不可或缺的工具。彼此交互使用，就可以使民主政治獲得較大的成就，而使選民利益受損的程度降到最低程度。

這次婦女代表的陳情遊說，正是表現壓力的最好時機。這個法案拖延十多年，一直無法提出審議；這次提出來了，又遭到極大的阻力。我們無意責備贊成的或反對的任何一方，但有幾個方面似乎值得議員們深加考慮。

(1) 澄淸立場。議員在辯論問題時，一切應爲民着想，而不是強調自己的主張，或實現個人的意願。

(2) 確定目標。如果優生保健確能達成某些國家目標，就應實施；如果有缺點，就建議修改；而不是徒事反對，變成意氣之爭。

(3) 認定事實。優生保健「可能」帶來的影響，不能作爲贊成或反對的理由，應該有事實爲證。

(4) 接受民意。議員的習慣性行爲是接受民意，決不能一意孤行。如果民意都不要了，那我們還要議員幹什麼？民意未必是對的，但你又如何證明一個人的意見是對的？

支持遊說行為具意義

我們沒有談到婦女代表的遊說書究竟說了些什麼，但支持這種行動，這就是民主社會中暴力與非暴力行爲的差異。我們盼望議會諸公能爲選民作出最佳的決定，也盼望婦女代表的遊說成功。

（《自立晚報》，73年6月25日）

新的政治挑戰：組黨

執政黨在蔣主席的主導下，終於宣佈將循法定程序，解除戒嚴及支持新的政黨活動。這是中國政治上的重大轉變時刻，如果因而一帆風順，完成了中國的民主政治制度，無論將來的發展如何，蔣總統這種偉大的成就，中國歷史上將無人能與比擬。

開放心胸羣策羣力進行改革

顯然，將來的結果如何，不是一道命令就會成功的，還有待於政策執行者的努力和徹底執行。誠如執政黨蔣主席所指出，必須「發揮羣策羣力的力量，本着開闊、無私的胸襟」去進行改革工作。這是事實，進行一種全國性的政治改革計劃，沒有羣體的力量，開放的心胸，以及大無畏的勇氣，是不易成功的。

我們都了解，政治改革必然牽涉到政治結構的調整，以及權力的重分配諸問題。國民黨執政超過半個世紀，黨組織和政治行政組織都已經相當定型，一旦面對新的政治形勢，可能會有些不習慣，甚至產生不願接受或排斥的情緒。不過，從我國的憲法精神來看，這種延緩實施民主政治的現象，也相當程度受到外力和內亂的影響，不見得是執政黨的故意安排。執政黨應該可以用高度理性來處理這種內在情緒上的衝突。

其實，國民黨早在民國初年，就有多黨政治的經驗，那時的國民黨，不僅只是許多政黨中的一個黨，而且是一個曾遭袁世凱壓迫過的黨。在抗戰時期，也有過多黨政治的經驗。今天，再一次開放政黨，對執政黨來說，不但不形成任何壓力，簡直可以說是駕輕就熟，況且執政黨的決策階層，對西方民主國家兩黨與多黨政治的運作方式，莫不耳熟能詳。

近幾十年來，在戒嚴令的控制下，執政黨一直維持一黨獨大的局面，完全沒有競爭的對手，對於人才和經濟資源，都掌握了絕對的優勢。即使在開放組黨後，短時間內，未必便有其他政黨能超越目前執政黨所佔有的優勢。在可預見的將來，也許如日本的自民黨，執政黨仍能維持一黨獨大的形勢，可是，這種形勢是靠本身的競爭力量，而無法用政策造成權力獨佔。

權力獨佔也許有暫時維持社會安定的效果，但從長遠的發展目標來看，它和財富獨佔一樣，容易顯示權力的不平等現象。社會上最重要的資源是權力和財富，財富不均會引起社會問題；權力不均同樣會引起社會問題。開放政黨間的公平競爭，就是要解決權力分配可能不均衡的現象。

強化競爭能力爭取民眾支持

從執政黨的立場而論，最多面臨兩黨或多黨競爭的壓力，但結果仍可能是一黨獨大，維持沒有異議的社會與政治的穩定。不過，有幾件事，執政黨跟其他政黨一樣，將必須設法加強，以提高自己在選票和政策方面的競爭力：執政黨將要求選民的繼續支持，其他政黨則設法把選民贏過來。

將來的政黨政治，第一個要考慮的問題是，如何才能獲得選民的支持，在選舉時高票當選，至少是能當選。這就必須在人才、政策諸方面痛下工夫。

所以，第二個問題是，如何培養、起用優秀人才。強烈的政治競爭，如果沒有第一流的人才，就無法應付，因而政治酬庸的職位將會降到最低點，甚至沒有，而寧願以較高的退休金作爲報償。

第三個問題是，如何制訂與實施對社會最有利的政策。政策代表黨的施政方向和目標，如不能提出令人滿意的政策，並澈底執行，執政黨就會受到攻擊，對下屆選舉將產生危機，因而沒有一個政黨敢在政策上掉以輕心。

第四個問題是，如何在議會中加強問政的能力。選民會集中注意力，觀察議員在議會中如何維護社會、國家，特別是個別選區的利益。因而，議員不僅不敢輕易缺席，而且必須研究政策，加強了解，以提高自己在議會和選區中的影響力。目前這種不出席議會和在會議中閉目養神的現象，就會一掃而光。

這種相互激盪的過程，其實就是民主政治的基本精神，一方面積極提高人民的參與意願，另方面防止權力腐化。至少到目前，對權力分配的方式，除民主制度外，我們還想不出更理想的辦法，也許這就是工業社會必然的政治過程，從這個角度來看，我們開放政黨政治，可謂適得其時。

（《時報新聞週刊》21期，75年10月21日）

工業社會中的執政黨

經過幾十年的工業化過程，臺灣由一個貧窮落後的國家，發展為亞洲高所得國家之一，一方面固然是全國人民努力的結果，另方面也是執政的中國國民黨在政策上的成功。如果沒有辛勤工作的人民，再好的政策也未必有效；反過來，如果沒有合理與可行的政策，人民再怎麼勤勞，也可能得不償失。全世界的開發中國家都盼望經濟成長，以改善人民的生活，但成功的只有少數幾個，顯然，國家的工業化不是輕而易舉的事。

中國國民黨在過去國家現代化的決策過程上，既然扮演了重要的角色，在將來的執政期間也必然如此。我們願藉此機會，提出幾點淺見。

國民黨的農業經驗

國民黨建黨之初，中國仍是一個純農業經濟的社會。那個時候的社會經濟特徵是：國民所得極低，農民普遍貧窮；人民的識字率低，大學生極少；職業結構除少數官僚組織中人員及大商人外，絕大多數為農民及城市小市民；人民多沒有參與政治活動的機會；城鄉居民沒有太多的交通，具有相當高的孤立狀態。在這樣的社會經濟條件下，不僅政黨的運作比較自由，而沒有太大的壓力，就是行政部門的工作，也相當的具有彈性，政策所遭受的阻力自然少得多，甚至根本沒有阻力。

不過，這種缺少人民參與的政治結構，在運作的過程中，往往既看不出人民的支持程度，也無法了解反抗到什麼地步，容易養成政治組織的散漫與行政的缺乏效率，因爲人民的要求甚低，行政體系不難應付。以一個具有相當嚴密組織和充分人力資源的政黨，來處理這樣的國家大事，似乎不會有太多的困難和麻煩，而塑造成一種較強烈的支配性格。

工業社會不同了

但是，到了工業社會，情況就有些不同了。首先碰到的問題是，因經濟成長，國民所得增加，大家比較富裕了，開始關心生存和生活以外的事情，例如賺更多的錢，獲得更好的職業，爭取高社會地位的民選議員或官員。工業化也帶來許多不同於農業社會的經驗：其一是職業的分化越來越多，不同職業間價值觀念的差距越來越大，當年多半爲安土重遷的農民，現在多的卻是流動性極高的工人、中產階級、企業界人士，這些人對於掌握稀有的政治、經濟資源，非常有興趣。其二是教育程度提高，國內外交通以及交換情報的機會非常頻繁，全世界任何地區政治、經濟體系的改變，都可能對本國產生影響。其三是爲了爭取私人的利益，無論在國會，在地方議會，或在政府機構，都可能出現利益團體的壓力，這些壓力通常會企圖通過或阻止通過某些法案或規定，以獲取團體利益。其四是由於個人的興趣，多數居民，特別是城市和工業區居民，會希望參加社區團體、經濟或政治團體的活動，以調劑日常生活，或增加生活經驗。諸如此類的要求或需要，在農業社會都不可能出現，但在工業社會卻成爲人民的基本行動取向。這類行動，有的可能阻礙政策的制訂或執行，有的可能要求制訂新的政策，以滿足個人的願望。做爲一個工業社會的執政黨，面對這麼多錯綜複雜的問題，就不像農業社會那樣單純，而無法用支配性格去處理問題了。

以經濟成就帶動政治改革

一般而論，工業化後的經濟成長，不一定就會帶來政治民主，反過來，民主政治也未必就能導致經濟成長。前者如蘇聯及東歐國家，國民所得已經相當高，政治卻仍停留極權統治，毫無民主自由可言；後者如印度、馬來西亞諸國，已經具有某種程度的政黨政治，經濟卻毫無起色。只有在西方的資本主義體系中，大致獲得了政治民主和經濟成長同時並進的成就，雖然這種制度還是有許多缺點。至於第三世界諸國，多半是既陷入生活上的貧困，又流爲政治上的獨裁，眞是一點也看不出未來的遠景。

我們既然有能力在貧窮中建立成長的經濟模式，無論在西方或非西方社會，都已經獲得高度的讚譽，甚至被譽爲發展的榜樣，應該也有能力把這種成就帶到政治改革的領域。事實上，如果我們決心推動政治改革，決不會比經濟改革更困難到那裏，因爲政治改革沒有資本、技術、國際市場之類的問題，雖然可能會遭到既得利益階層的若干阻擾。大致的說，只要遵循憲法，建立制度，起用人才，就可以把事情做得相當不錯。舉個例來說，土地改革一直是中國歷史上無法解決的問題，但在臺灣的幾十年，我們不但成功了，而且間接的幫助了後來的經濟發展，顯示只要有決心去做，並不如想像的那麼困難。

改革的焦點在那裏？

至於一些急需改革的重大問題，輿論界多年來大致都已經提出來討論過，例如黨禁所造成的黨內外對立，長期戒嚴所導致的社會緊張，報禁使資訊系統形成偏失，相當普遍的貪污風氣，經濟與社會秩序混亂，行政組織與人員不能發揮應有的功能，這些問題都相當程度的妨礙了我們在政治和社會方面的發展，而做為民主國家的一員，這些問題也不能不設法及早解決。我們不相信，決策階層沒有能力去處理這些問題，只是顧慮太多，以致一再遷延。

顧慮之一可能是怕影響社會的穩定與和諧。事實上，倡導改革的人也不可能以此為賭注，如果整個社會失去控制，亂起來了，還有機會從事任何政治改革嗎？問題在於，不改革是否就能長久維持穩定與和諧？這要看人民的要求強烈到什麼程度。從理論上言，人民為了爭取權力資源，衝突在所難免，而解決衝突才是維持社會穩定的最好辦法。工業社會變遷的速度非常快，政府部門必須反應快速的去解決在政治、經濟、社會上的新衝突。所以改革有時反而是穩定社會的最有效手段。

顧慮之二可能是不易衡量利害得失。其實這是很容易判斷的事，沒有一個政策是有百利而無一弊，選擇利多弊少的途徑，總是對人民有利的。不過，這有兩個先決條件，一個是以國家及人民為取向，另一個是以政治發展方向為取向。在這種前提之下，決策階層應該不難估計改革後的利害得失，而不必多所猶豫。

顧慮之三可能是究竟有多少人要求改革和什麼地方需要改革。這就有賴於專業知識了。一個具有高度效率的行政體系，應該在人民沒有提出改革以前就已經改善了，所謂洞燭機先，則根本沒有改革的問題。如果不能做到這點，也應該多做研究，多成立臨時的諮商羣，以提供正確的知識，作爲決策的依據或參考。

也許還有很多其他的顧慮，僅就上述三點而言，似乎不難預做選擇，但何以許多問題長期不得解決？我們也出現過許多棘手的經濟、貿易問題，終究多少獲得一些解決，而維持了相當高的經濟成長率，甚至在全世界景氣低迷時，我們也做得有聲有色，爲什麼對政治社會改革就表現不出那樣的水準？這恐怕是需要努力的地方。

未來的發展方向

在未來發展中，我國旣然標榜三民主義的世界性政治口號，就必須加速民主政治上的改革步伐，這沒有選擇；爲了反對極權政治，我們也必須這樣做，同樣沒有選擇。堅持民主政治制度和實現福利社會的理想，不僅可以獲得全國人民的強烈支持，也爲全世界，特別是第三世界建立另一個模式，因經濟成長而建構的政治民主。這將爲中國文化開拓一個新境界，也將爲第三世界的政治經濟改革，起帶頭作用。這實在是一個關鍵性的時機，希望決策諸公不要輕易放棄，而要及時把握它，使中國文化在世界體系上重新建立它的影響和威望。

目前全世界的社會文化發展，受到兩個理論體系的壓力，一個是資本主義，一個是共產主義。我國文化跟這兩個理論都沒有關係，但大陸爲共產主義所統治，臺灣也受到資本主義的極大影響。我們應該如何動員人力，以建立一套屬於自己文化體系的理論，實在跟政治改革有密切的關係，並且也是當務之急。

因而我們認爲作爲一個工業社會的執政黨，面對多元的社會體系，對於推動國家的全面改革，實在負有成敗攸關的極大使命。中國能不能建立一套合適的民主政治文化，就要看執政黨和全國人民的魄力和勇氣了。

（《中國時報》，75年3月29日）

試論民進黨的組織路線

自從兩個月前中央民意代表選舉後，民進黨所採取的一連串措施，例如設立中常主席、中央委員、中央評議委員、立法院黨團書記，以及議處不接受中央命令而參加監察委員投票的省市該黨議員等，都顯示該黨相當高度的模倣現在執政黨國民黨的組織模式。這種模式的基本結構是黨員小組，一層一層的上去，一直到中常會，以中常會主席爲最高權力中心。形式上以黨員羣眾爲基礎，實質上卻是金字塔式的權力結構，由最上層主席的指揮而行動。

執政黨組織耐人推敲

國民黨早期的黨員小組可能曾經發揮過羣眾的力量，但到後期，由於中常會及其主席的權力擴張，黨員小組已經形同虛設，黨內民主便受到很大限制 。可見當前國民黨的組織形態和權力結構模式，實由於歷屆主席和中常會的權力擴張所形成。這種英雄式或家長式的領導，總以有一個可資號召的英雄式的領導人爲前提，才能有效傳達命令，使決策得以順利實行。即使是這樣，基層黨員的意見仍不容易進到決策階層，使黨的民主運作產生不良影響。

近年來，國民黨在選舉前提名過程中舉辦類似初選的說明會，就是企圖矯正一些缺點，但是，在重大政治和行政問題上，還是無法了解基層黨員的意見。今後國民黨爲了提高它的競爭力，相信在選舉和決策過程上，必然將儘量開放對基礎溝通的管道，以求贏得執政。

柔性政黨路線力量大

民進黨是一個新生的黨，一切都尚在起步階段，它的主席、中央委員和參加發起的黨員之間，聲望和地位的差距可能並不大，特別由於未經過長期醞釀和敵對行動，沒有機會製造個人英雄式的領導。我們可以換一個方式來說，如果把現在的中委及其主席換一批人，恐怕在領導上也不會有太大的差別。以這樣的組織成員，任何一個重要決策，如果沒有經過黨內的充分論辯和溝通，即貿然付諸行動，很容易遭遇困難和抵制。這次該黨的若干決定，難以令黨員接受，原因可能在此。也即是，執行嚴格的黨的紀律，不是每一個黨都做得到，需視黨的權力分配狀況而定。民進黨旣是一個新成立的黨，高層黨員的地位又相似，正適合於走英美式柔性政黨的路線，使黨內民主產生最大的力量，而不宜採取嚴格紀律的組織形態。

國家利益在於黨之上

就一般人的立場而論，並不希望黨的紀律太嚴格，把入黨和脫黨視爲生命中的大事，這似乎沒有必要。如我們所知，西方國家的政黨，除少數黨工人員外，對一般黨員多半不作嚴格要求，例如美國的兩大黨，黨員只是採登記制度，可以隨時宣布離開或加入。黨的成就，不在於控制個別黨員的行動，而在黨內民主過程，以加強黨員的認同和効力。黨間的競爭，不在於過於嚴格的紀律，而在以政策爭取選票。像美國這種定型的兩黨政治，政治民主的目標已經確立，任何一黨執政的最高理想都是謀求國家和人民的最大利益，這幾乎沒有爭論，爭論的是政策，是權衡利益的多寡。我們認爲，臺灣也一樣，只要民主化的目標不變，任何政黨執政的最高理想都應該是爲全民和國家的利益，而不是爲了黨的私利，政黨及其黨員只是扮演政策執行者的角色。

在這種情況下，政黨的政策都必須符合全民的利益，沒有別的選擇，因而國民黨主張的民意代表按地區比例分配的方法，民進黨主張的臺灣居民自決的觀念，都可能不適合提出來做爲政策的考慮，只要澈底實行民主就夠了。

英美彈性運作可借鏡

民主就是民主，不需要用任何修飾詞去裝飾它，民主也不容許有地域、性別、階層、信仰之類的差別待遇，否則就是反民主。所以，就臺灣民主發展的趨勢來衡量，民進黨將來的組織形態，似以走英美式的彈性運作政黨爲佳，不必嚴格的把黨員組織起來，控制在黨的旗幟下，由中央一個命令，一個動作，這對於該黨的民主式領導比較有利，不僅決策階層容易協調、溝通，黨內的民主過程、黨員的處境會獲得改善，也比較適合工業社會的要求。

（《自立晚報》，76年2月9日）

工黨要扮演什麼角色？

工黨已於十一月一日正式宣布成立，顯然它已成爲臺灣的另一個新黨。在不久的將來，也許還會有更多的新黨誕生，我們等着瞧吧。有人說，對新黨儘量開放，是國民黨的一種分化手段。我們認爲，這種說法有待商榷， 這是一種公車心態， 上了車的人希望中途不要停靠。任何一個政黨都必須以政策和實力去爭取選民的支持，不能靠特權保護。我們習慣了看到英、美兩個國家表面上的兩黨政治，以爲只有兩個黨，其實兩個國家都有很多小黨，甚至可以說小黨林立，只是無法獲得多數選票，而淪爲地方性的政黨。英國自由黨的沒落，工黨遞升，就是一個很好的例子。所以我們認爲，開放政黨，基本上是一個正確的方向。臺灣的工黨如能把握政策方向，特別是民主政治的權力結構取向，不要總是搞內部權力鬥爭，都想出來做頭頭，說不定將來的發展大有可爲，因爲選民看多了爭權奪利的行爲，極爲反感。

開放新黨乃為正確方向

由於工黨不連續的發表一些政綱，作爲一個讀者，我們並不十分了解， 他們將要做些什麼， 以及除了勞工階級外 ， 還要爭取那些對象。這是很重要的，一個剛成立的政黨，如果在基本立場上不能提出鮮明的口號，和可能的策略，將不易贏得多數選民的支持，那恐怕也不是一個政黨的終極目標吧？政黨總是盼望自己贏得選舉，利用執政的機會實現政策，使社會變得更接近理想階段。這也是民主政治的最高理念之一，不用殺頭，而用選票來解決國家政權轉移的問題。

工黨應該提出鮮明口號

世界各國的工黨或勞工黨，政治取向和成員並不完全一致，在參考他們的政治運作時，必須特別小心。有的政黨以勞工階級爲中心，名稱卻是社會民主黨或社會黨之類，這也值得注意。例如瑞士，有一個瑞士工黨，便是走極左的政治路線；瑞士社會民主黨卻是強烈反共，擁護憲法，而以勞工和政府公務員爲黨員對象。德國社會民主黨和丹麥社會民主黨，都是以勞工階級爲對象，主張充分就業和社會安全之類。澳洲卻有兩個工黨，澳洲工黨（成立於一八九〇）和澳洲民主工黨（成於一九五五）通常來說，我們一談到工黨，很容易就會聯想到英國的工黨，這個工黨幾乎成爲第三世界工黨學習的對象。英國工黨受到英國社會發展幾個有利條件的影響，不一定都學得來，這要看各國本身的社會背景而定：一是十九世紀中葉，英國工人階級開始有選舉權，在當時是一股新興力量；二是費邊社的許多知識分子成員，對工黨直接支持；三是自由黨的分裂，獲得有利的政治資源，因而英國工黨很快就在政治舞臺上扮演一個重要的角色，並在二十年代開始執政。

英國工黨運作堪為借鏡

英國工黨的成員大致上包含體力勞工和智力勞工兩種人，是一種相當廣義的勞工黨；主張一般人民有基本上的政治、經濟、社會自由，而以充分就業和社會福利爲政策手段，以達成社會主義式的政治民主。這種政治理想，跟當時費邊社的宗旨相當接近，或者根本就是受到費邊社某些成員的影響，費邊社鼓吹人人平等，沒有任何階級差別，鼓勵社員從政（但從政後就失去社員身分）強調溫和改革，用民主方法管理政治，以達成廣義的社會主義理想，其中最重要的一點就是強調工業民主，組織中的成員，具有差不多相同的參與、決策、分配的權力。這對當時的英國社會也是一種很大的衝擊，儘管現在的歐洲和北美洲已經相當流行。

確立目標成員政策取向

臺灣的工黨當然不可能，也不必完全模仿這種策略和宗旨，可是，理想的道路究竟是什麼呢？我們以爲，有幾點值得特別加以思考：其一爲目標問題，組黨不是爲了報復，也不是爲了爭奪權力，應該以民主爲手段，達到全社會的自由、平等爲目標，同時擺脫當時英國工黨和費邊社所提出的社會主義思想，我們從後期工黨的國營政策，就了解它的不當和失敗所在。其二爲成員問題，多數的勞工黨固然以產業勞工階級爲基本黨員，但並不排除認同黨綱的所有知識分子、公務人員、以及其他各種職業人員，這對黨的發展有幫助。其三爲政策問題，像就業、福利、自由、民主之類的政策取向，大致每一個政黨都會照顧到，工黨最重要的焦點，在於確定勞力、資本、技術（包括管理技術）三者間的關聯性，如果是互相依賴、互為依存，則三者不應相互排斥，而應該站在一個平等線上，各爲應有的利益互相合作，畢竟鬥爭的時代已經過去了，這也是工業民主的基本精神。

工黨將來究竟想在臺灣的政治、經濟、社會發展中，擔任什麼樣的開創性工作，我們並不知道。就工黨的本質而論，它應該是以建立一個以全社會人民的利益爲目標，而不是爲了奪取政治上的統治權，這也是民主政黨的極終理想。

（《自由日報》，76年11月5日）

統獨之間的路線

前些天跟幾位本省籍朋友一起吃飯，我們談到了新的總統。我說，這該是本土化了吧，總不能說由某個特定的人當了總統才算本地化。過些時候，也許該我來唱「出頭天」了。這當然是開玩笑的話，卻也有幾分眞實。誰做總統，應該不是個大問題，問題在於對居民有沒有差別待遇，在衡量權利、義務時，有沒有不同的標準。臺灣未來的命運，獨立旣不是某一羣人的專利；統一也不是另一羣人的專利。這要看將來的發展，臺灣、大陸、國際局勢，都牽涉在一起，恐怕不是主觀意識可以完全做得到的。

統獨問題絕非某些人的專利

目前住在臺灣這個小島上的人，大概可以分爲四類：一類是原住民，包括原來的山地族和平埔族；一類是閩南人，爲福建來的移民；一類是客家人，爲廣東來的移民；一類是所謂外省人，爲戰後大陸各省來的移民。就是最後移來的一批人，也已經四十年了。四十年的長期居留，足以克服許多地域次文化上的困難，但由於政治和歷史的因素，反而把一些原屬隱性的省籍糾紛，成爲敵視的明顯根源。這實在是一種很不幸的現象。當年惹禍的人多半都已經作古了，現在無論那一個族羣或黨派，似乎都應該設法彌補或解決這一心理糾結，以避免進一步的惡化。惡化到爲了獨立或省籍糾紛打一場內戰，那也不是臺灣的發明，問題是花這麼大的代價是否値得，羣衆是無辜的。打了之後，還是得和平相處，就像當年的「漳泉拼」、世界大戰一樣。

隱性省籍糾紛成為敵視根源

由於一些地域、語言、歷史、政治信仰等錯綜複雜的因素糾纏在一起，現在臺灣居民的政治態度，大概也有四種傾向：一種是臺灣人獨立的傾向，希望自己當家做主，不要再被別人統治。這裏所說的臺灣人，界線並不十分明顯，可能以說閩南語的人爲主要對象，可以視爲一種「主人意識」。一種是臺灣居民自決的傾向，認爲所有住在這個島上的人，有權決定由誰統治。這種口號究竟是獨立還是統一，目前在理論上並不確定，可以視爲「居民意識」。一種是統一於中國大陸的傾向，在某些成熟的條件下，尋求與中國大陸統一，因爲兩者在文化或事實上，都是分不開的，可以視爲「文化意識」。一種是統一於民主的傾向，認爲臺灣之於大陸，獨立或統一都不重要，重要的是要建立一個眞正的自由民主社會，否則就沒有意義，可以視爲是一種「民主意識」。這四種政治意識都有它的羣衆基礎，一時也分不淸楚，究竟有多少人在堅持某一種政治意識。可以確定的是，不同的行動就可能爲這個小島帶來不同的結果，無論是幸福還是災難。這是値得政治人物在行動之前再三思考的問題。

四種政治意識皆具羣眾基礎

基本上，在一個開放的價值多元社會，人民有權說出他想要說的理想或對現實的不滿，而不受到威脅；多數固然不能阻止少數，少數也不能阻止多數；不應有多數的合法暴力，也不應有少數的非法暴力。所以無論是主人意識、居民意識、文化意識，或民主意識，都只能算是一種主張或將來行動的方向，而我們所需要的，實際並非這些，而是一個具有高度參與、開放、富庶的自由民主的社會。這才是我們的共同目標，我們共同所追求的理想。在這個前提下，顯然我們不會選擇戰爭或革命，而是以理性、民主的方式去解決爭端。

首要之務建立自由富裕社會

事實非常明顯，統一旣非頃刻可以完成，獨立也非短期內可以成功，與其把精力消耗在意識形態之爭，何如大家共同攜手努力，把目前許多不民主的障礙清除，建立一個健全的民主自由而富裕的社會。只要我們能夠在這樣的路線上堅持下去，將來無論在國家或國際事務上，都必然有我們的發言權。

（《自立晚報》，77年2月8日）

臺灣需要什麼？

獨立・統一・民主的三角關係

在上週李總統的記者會中，許多重要的問題，差不多都被中外記者提出來問過。其中有一些問題，的確涉及臺灣的前途，如獨立、統一、政黨政治等。李總統在回答的時候，令我們印象深刻。

全面對立造成臺灣災難

即將面臨的，就是民進黨所爭論的「人民有主張臺灣獨立的自由」。這個問題假如眞的列入他們的黨綱內，很明顯的，國民黨和民進黨馬上就要形成觀念上的對立。這種對立將毫無妥協的餘地。假如進一步訴諸行動，則衝突立刻昇高，暴力對抗也不是沒有可能。眞的演變到這種地步的話，將必然爲臺灣帶來全面性的災難，不只是經濟成長和政治民主破產而已。這應該不是這個島上居民所樂於看到或願意接受的事實。

臺灣的民主運動，可以上溯到很早的時代。以最近來說，黨外公政會顯然是一個新的起點，從公政會到成立民進黨，又是一個起點。毫無疑問的，從它的發展過程來看，主要的訴求目標，就是回歸憲政實行民主政治——建立在政黨政治基礎上的政治民主。這個口號曾經引起臺灣居民相當強烈的支持，不然，在上次的選舉中，中央和地方議會的非國民黨候選人，不可能有那麼多人當選。現在我們要問的是，民進黨的候選人當選了，或成立了反對黨，是否就表示已經是民主政治？假如不是的話，反對黨究竟應該加強壓力，提高民主品質，還是先搞獨立？我們都知道，獨立跟民主並不是一回事，通常是和民主背道而馳。原因很簡單，因爭取獨立的過程中，容易把野心分子製造成軍事強人，集中軍、政大權，民主就不見了。假如民進黨或所有臺灣人民，不惜任何代價，願意打一場獨立戰爭，我們也沒有話說；假如爲了民主，引起爭議或分裂的「獨立」，顯然不是最好的選擇。目前臺灣居民，是一種多元的次文化體系，任何口號要獲得共識或普遍的支持，都必須經過長時間的認知和溝通。

獨立跟民主常背道而馳

同樣的道理，國民黨在新政府的領導下，也必須加速和加強推動民主政治。這也是沒有選擇的，如果執政黨對反對黨的壓迫加大，或對實施政黨政治採取拖延戰術，那只有增加反對黨的力量，這決不是執政黨所願意看到的。爲今之計，國民黨因長期執政所帶來的歷史包袱，必須儘快解決，以爭取選民的支持。例如中央資深民代退休、黨內民主化、特種黨部、臨時條款、革命民主之類的重大問題，解決得越快，對下次選舉就越有利，否則，無異把選票送給反對黨。像「革命民主」這樣的題目，還在黨內引起爭端，製造新聞，實在沒有什麼道理。革命和民主是水火不相容的兩個政治概念，這跟獨立會破壞民主行動是一樣的情境。當年中共提出「民主專政」，蘇卡諾提倡「指導民主」，遭到國際間指責，就因爲專政和指導都與民主理念互爲衝突。所以，國民黨在現實政治環境下，應該懂得運用最高的理性原則，彈性處理所面臨的強大政治壓力。傳統權威式的領導和控制，已經無法維持了。這不是誰的錯，而是時代變了——這是一個以工商業爲主導的時代，農業社會的夢早就破碎了。

國民黨須丢棄歷史包袱

事實上，我們現在已經是一個實實在在的獨立政治體，從社會各階層去觀察，就會發現，人民所需要的是一個繼續富裕、安定、公平、民主而自由的社會。中國人窮苦了幾千年，又長期被專制政治壓迫得失去了人性的尊貴，現在急需的，從理論上說，也就是財富和自由，何況我們已經是一個新興工業社會。有人說，保留居民自決的權力或建立臺灣國，可以避免中共的覬覦，增加參與國際社區活動的機會。這是一廂情願的想法。在目前國際強權的支配下，「臺灣國」有多少本錢去與中共競爭，或爭取美、日等的國際支持？可能利未得，而內部動亂先至，頃刻間把幾十年積聚的政、經資本花光，那才是得不償失的策略。我們也不必用中共來恐嚇自己，中共有勇氣和能力的話，應該先放棄恫嚇，大家坐下來，平心靜氣的討論「中國人」未來的前途，例如，先建立一個大家都能接受的經濟共同市場，將來也許還可以發展爲政治的共同市場，這也是另一種的民主模式。

（《自立早報》，77年2月29日）

菲律賓政權轉移的政治意義

二次世界大戰後，自一九四六年到一九六五年，現在的東南亞各國，都已經獨立了，最早的是菲律賓，最晚的是新加坡。東南亞各國爭取獨立運動，雖然很早就已開始，但獲得獨立的結果，卻是戰後的二十年間。這得力於兩個從西方輸入的觀念，而產生了強大的本土運動，卽民族主義和民主政治。民族主義不僅給各國獨立運動以非常響亮而高貴的口號，也發生了本質上的推動作用，使各殖民國在理論上失去依據，不得不先後從殖民地撤退。這可以說是迫使美、英、荷、法放棄東南亞殖民地的最有力武器。雖然除了馬來西亞和新加坡外，都曾經經過相當長久的獨立戰爭。

在獨立戰爭中或獨立後，各國從事獨立運動的領導人，多半都提出了自由、民主的口號，以爭取羣眾。可是，在獨立後，經過了各式各樣的曲折過程，民主政治在東南亞各國似乎越來越式微了，越南、柬埔寨、寮國已經淪爲共產國家，緬甸、印尼由軍人統治，新加坡、菲律賓則由個人執政了二十年，只有馬來西亞還維持某種程度的民主過程（泰國一直是獨立國家），這樣看起來，民主政治在東南亞眞的成就不大。這跟非洲、中南美洲各國的情形也差不多，當年用民族主義號召獨立、自由，獨立後卻變成軍人或個人統治。

菲律賓於一九四六年獨立後，歷任總統的選舉及權力轉移，一直都還相當順利，馬可仕當年也是靠能力競選出來的。可是後來爲了維持自己的統治權，不惜使用各種手段，以達到目的。槍殺政敵阿奎諾是這一連串不當措施的高潮。想不到這一槍射倒的，不是阿奎諾，卻正是自己。這種戲劇性的轉變，的確予人以相當大的啟示。

自從菲律賓總統選舉新聞傳到我們這裏以後，幾乎每天都有類似的新聞傳來，從開票、舞弊、宣布當選、反對派不承認、將領公開反馬可仕、候選人分別宣誓就總統職、羣眾保護反對派，到馬可仕被迫離開馬尼拉，不過幾天間的事，眞是戲劇性的變化。就是從歷史的角度來看，也找不到同樣的例子，反對派在幾天之內，把一個擁有全國資源的統治者趕下臺。反對派既沒有足夠的武力，也沒有良好的組織，僅有的資本就是選民。當然，也許還有美國人的力量。但我們認爲，那只是幫助而已。

眼看就要發生流血政變，甚至內戰的時候，卻出現了權力的和平轉移，這不得不佩服菲律賓人的智慧。有幾個時機都可能造成流血政變，馬可仕命令軍隊攻擊反抗軍軍營，政府坦克部隊壓過羣眾，反對派利用羣眾製造事端，諸如此類。但是，他們都克制住了。要個人作這種克制已屬不易，羣眾就更難。這需要理性。從幾條新聞報導，我們還是可以看出菲律賓人理性的一面，例如：

阿奎諾夫人說，歷史上從來都是軍人保護民眾，這一次卻是民眾保護軍人。這種事眞是談何容易，如果不是他們的軍人具有高度理性的話，不管這種理性是如何產生的。

馬可仕走了，國防部長安利爾說，我要向前總統馬可仕致敬，感謝他對我們的體恤與寬大；他原本可以用迫擊砲攻擊我們。安利爾很了解自己的實力，可能經不起一擊的，但是馬可仕終於忍住了；而安利爾也懂得感謝，而且立刻感謝。

取得政權的幾個重要人物，如阿奎諾夫人、安利爾將軍都明白表示，他們不願意對任何人展開報復；如果馬可仕離開菲律賓，或者以後要回來，保證他和他家人的安全。這都是一種理性的表現。通常，在剛取得政權的領導人，很容易流於情緒化，把政敵當作死敵處理。他們避開了這種過激的手段。

最重要的，在最後關頭，馬可仕放棄了使用武力，放棄了可能導致兩敗俱傷的戰鬥，而選擇自己逃亡，交出政權。這仍然是一種理性的選擇，使國家、人民免於戰禍。

無論如何，這種避免戰爭，和平轉移政權的方式是值得讚揚的，不管菲律賓選民是基於天主教的，民性的，還是民主的素養。第三世界的國家，獨立後多陷於擾攘不安之中，希望這些國家的領袖們，能以國家政治前途爲重，不要再搞個人統治，即使在極困難的時候，也該設法把權力作和平轉移。

（《中國論壇》21卷11期，75年3月10日）

柯拉蓉的升起和墜落

第三世界的政治危機

柯拉蓉的黃色標幟推翻馬可仕政權後，一位來自菲律賓朋友說，熱鬧的那幾天，不少華人男女都到軍營前去服務，送菜送飯，有的也躺在坦克車前，以血肉之軀，阻止坦克車的滾動，談起來眞是虎虎生威，他認爲，這不僅是華人的空前壯擧，熱烈投入，也是菲律賓人民的大團結，用喊聲打敗了馬可仕的刺刀。柯拉蓉順利的登上了總統寶座，不僅贏得了全國人民和軍方的支持，也贏得了國際間的廣大友誼。許多政治家甚至譽之爲菲律賓式的民主模式，這個模式就是人民不用武力和選票，而用聲音把獨裁的統治者嚇跑了，重新建立一個不需鬥爭和流血的新政權——柯拉蓉的統治。

奇蹟式的政權轉移

全世界的新聞媒體都在分析柯拉蓉的勝利，不是批評馬可仕政權的腐敗、無能、獨裁，就是贊揚菲律賓人民的友善、天主教精神、民主素養。有的人甚至認爲是，第三世界民主政治發展的榜樣。突然間，菲律賓這個相當貧窮的國家，成爲擧世矚目的焦點。彷彿馬可仕一走，柯拉蓉就像會玩魔術似的，將要把她的國家帶到穩定、民主、繁榮的境界。這眞是善於運用人民的力量，全國乃至全世界一片歡呼和喝采，幾乎聽不到反對的聲音。

怎能說這不是一個奇蹟，以一位家庭主婦，就爲了反對獨裁統治，奔走呼號幾十天，一夜之間，就被擁進馬拉凱南宮，掌握全國軍政大權，發號施令。在我們外國人看來，眞還有點像民主政治領袖的樣子；在馬尼拉領袖羣倫，把國家利益的矛頭直接指向華盛頓、倫敦，和東京，以爭取國際的支持和同情。

時僅一年情勢丕變

可是，到今天才不過一年多，柯拉蓉的政治聲望，已經從高峯跌到谷底，人民的熱情涼了，軍隊分裂了，政客散了，柯拉蓉似乎在總統府裏孤軍奮鬥，對着電視講話的笑容，也感化不了在馬尼拉街頭，爲了工資而示威的羣眾，以及爲權力而鬥爭的將領和政客。這使人不禁要反省，究竟是非律賓人的多變，政治人物的爭權，還是柯拉蓉的政治、經濟政策出了問題？

最近又跟非律賓的朋友見了面，談到政治，我們就問，柯拉蓉爲什麼垮得那麼快？他認爲，她缺乏政治手腕，沒有整合的能力，以致政府的軍事、政治組織方面經常鬧分裂；最糟糕的還是不能制訂政策、實行政策，乃至沒有政策；並且同樣犯了任用親屬的毛病。他最後感慨的說，看樣子，不久後就要出大亂了。什麼大亂呢？他沒有預言。從最近的發展來看，如果柯拉蓉不能及時解決問題，重新獲得人民的支持，馬尼拉的軍人和政客就要聯手逼宮了。

優柔寡斷危機轉劇

這個問題可能須從兩方面去了解，一方面是柯拉蓉本身的政治修養和處理國家事務的能力，她可能犯了一些錯誤，例如過多的引用親屬，佔據高位，引起人民和官僚人員的不滿；沒有集中力量去解決經濟問題，特別是關於土地改革、失業、工業化和貿易諸問題；軍隊的嚴重分裂，缺乏統一指揮的措施與彌補之道，而軍隊在菲律賓政治動亂中一向扮演一種舉足輕重的角色；右派勢力和左派勢力，特別是菲共，在政治上造成極度的不穩定，柯拉蓉完全提不出解決的辦法；諸如此類的問題還很多，柯拉蓉所表現的似乎只是優柔寡斷，希望從妥協中獲得暫時的安定，這樣使得已經存在的危機越來越嚴重，最嚴重的當然是右派的聯合反撲以及軍人的不滿，這可能動搖柯拉蓉的統治權。

另一方面就是第三世界在政治民主過程中的爭權奪利，他們並不是眞正想把國家導入民主的運作，而是打着民主的口號，實行個人的奪權行爲，目前最明顯的例子就是韓國的反對黨，誰都想去做總統，非洲、拉丁美洲如此，菲律賓亦復如此，這眞是毫無辦法的事，除非選民眞正覺醒，睜開眼睛去投票，把只知爭權的人，通過摒諸總統府門外，不讓他們得逞。柯拉蓉能不能利用這種殺手鐧，就看她有多大的政治野心。

善用潛力以挽狂瀾

從我們的觀點而論，柯拉蓉從升起到墜落，她的政治危機來自幾方面：忽略了人民當初支持她的原因，忽略了加緊經濟和土地改革，忽略了政治的現實性；以及沒有利用人民的熱情，沒有利用各派系的力量，沒有利用國際優勢，而誤以爲人民永遠站在她那邊。如今事情已發展到這樣的地步，能不能應付到任期屆滿，就看她面帶笑容的潛力和說服力究竟有多大，否則，她的勝利，仍沒有如我們當初所期待的，帶來第三世界的民主政治模式。柯拉蓉或馬尼拉的政治危機，可能就象徵着第三世界的政治危機：爭權奪利。

（《自立晚報》，76年11月16日）

行政的無力感

消除機構重疊的積弊

最近在國建會因部會權責劃分不清而引起討論，首先是文建會與教育部之間，因文化建設問題引起管轄權的爭論；後來是行政院研考會和經建會之間，因社會福利問題也引起管轄權的爭論。這種爭論是可以理解的，也是必然的，因爲不同的行政機構是先後成立的，後成立的機構沒有照顧以前機構的管轄權，甚至故意忽略，自然容易造成互相牴觸或牽制的現象，到後來演變成誰也別想幹活。這種現象早就存在了，不自今日始，只是沒有人管，甚至繼續在製造，問題自然會越來越麻煩。

臺灣是一個小島，人口密度雖高，卻是土地小、人口少、資源缺乏。相當多的事情，單一機構就可以處理，至多區分中央和地方也就夠了，實在用不着疊床架屋去設立機構，結果弄得機構越多，越沒有人辦事。

機構重疊的現象不僅存在於一般行政組織中，也存在於學術行政組織中，這種相象實在相當普遍，例如農業行政組織，當初的農復會是一個特殊組織，有它存在的功用，後來改爲農發會，又成立農業局，不久，又撤消農業局，改爲農委會，顯然是遷就現實而已。事實上，目前的農業組織，如從行政、推廣、改良、運銷、金融以及中央與地方諸方面去考察，不僅組織重疊，而且權責劃分不清。經濟、工業等方面也有類似的情形。再以社會文化為例，內政部、教育部、社會工作會、文建會都在管，誰該管什麼，誰也不知道，這是十足的官僚體系。學術機構也一樣，巧立名目的重複設系，或要求升格與改制。

為什麼會弄成這樣疊床架屋的現象呢？根據我們的觀察，其原因大抵不外下列諸端：一是原來的機構不能發生功能或無法指揮，又不便改造，於是用一個新名稱成立一個新機構；二是認為原來的機構老化了或僵化了，應該裁撤，卻又礙着情面，無法下手，於是成立一個類似的新機構；三是有些新的構想，又認為原有的機構無法執行，於是成立一個新的機構；四是為了監督，或自立門戶，不管實際是否需要，於是成立一個新機構。可能還有更多的原因，這裏只舉出幾種比較常見的。前三種是不願或不敢面對問題，也有可能是為了爭控制權，後一種是山頭主義，無論屬於那一種，都只是使問題的嚴重性加深，而沒有眞正解決問題。

一旦這種機構重疊的事實形成，連串的弊端必然相繼出現：最明顯的就是爭取領導權或控制權，尤其是有關人事和經費方面的支配權力，祇要拉得上關係，都想分一杯羹；如果涉及職責，便相互推卸，反正也沒有硬性規定職掌；有些事情，旣推不掉，又不願做，就開會討論，這也許就是會議特別多的主要原因，誰都不必負責。這樣看起來，只要有機構重疊的事實存在，不是幾個機構爭着幹活，就是沒有人幹活，無論把某些機構再行擴大或縮小，例如把文建會擴大為文化部，或縮小為文化局，仍然不能解決問題，因為問題的根本不在機構的大小，而在重疊，重疊使權責不清，功能不彰。

如果行政決策當局眞想革除這些多年來的積弊，考慮下列幾個建議，當有幫助：

(1) 立即全盤檢討中央與地方現有行政機構（包括學術行政機構），規劃爲單一指揮系統，凡屬重疊的，不論是名稱或實質的重疊，均予以歸併或裁撤，以統一事權。

(2) 不同機構間的權責，必須儘量界定清楚，以免製造爭權或卸責的機會。

(3) 一切職位必須因事找人，不能因人設事，這樣可以消極避免再行製造機構重疊的現象。

(4) 若要機構產生行政效率，必須嚴格執行考核制度，不僅功過要有適時而合理的獎懲，即使沒有徹底執行計畫，也要受到行政處分，這樣才可使機構產生應有的功能。

最後，我們還必須提醒大家，中國人的「人情」和「關係」取向，可能把一切良法美意都犧牲掉。所以，如果不能依法執行，切切實實去做，則所有設計均徒爲空談，即使把所有機構都叫做「部」，依然不能解決問題。

（《中國論壇》22卷9期，75年8月10日）

政務官權責應正常化

宦海浮沉，本來就不值得大驚小怪；無如中國人喜歡做官，做了官又不肯下來，一旦下臺，各種各樣的猜測便都出現了。因而，每個官員不但希望自己永遠不要下臺，而且要節節上陞，至少也要弄個異地調動，從這個校長調爲那個校長，從這個部調到那個部。這樣，做官的永遠做官，做政務官的永遠做政務官，反正差別也不大，責任也沒有什麼不同。

有的政務官爲某件事辭職，表示他要負責任；但過些時又做起政務官來了，那麼，他究竟要負什麼責任呢？如果不是政策錯誤的話，他爲什麼要辭職？如果是政策錯誤，爲什麼能再做政務官？顯然沒有人知道，究竟是誰錯了，誰應該負責任。有的人就說，辭職只是爲了道義責任。這眞有點像古時的皇帝，割一把頭髮去祭天，表示自己要負民不聊生的道義責任。現在是工業社會，不能這樣亂來了，政務官只爲政策負責任。

政務官，很明顯的，是政黨政治下的產物，執行黨的政策，或爲黨的政治運作做決策。甲黨在競選總統或總理失敗了，就得轉移政權給乙黨，原有甲黨的政務官全部下臺，乙黨另派政務官。在民主社會中，這種過程就像搬家一樣輕鬆愉快，沒有任何爭議。爭議只發生在激烈的競選階段。

我國雖然也有政務官之名，多數只在行政院改組時，調動幾個職位，政策的慣性絲毫不受影響，這樣的政務官有什麼特殊意義呢？

事實上，卽使不因選舉而產生政黨間權力轉移問題，政務官仍然應該是政策的決定者和推動者，否則，就不能叫做政務官，或者根本不必設政務官。旣然是政務官，如果政策失敗，或推動政策不力，就必須辭職，以示對自己所提出的政策負責，因爲任何一種錯誤的政策，國家和人民都必然蒙受損失。並付出相當大的代價。如不去職，不僅無法推行新的政策，也將喪失民心。

但就我國目前情況而論，它牽涉到兩個實質問題：第一，各部門政策是不是由政務官決定的？如教育部的部次長決定教育政策，財政部的部次長決定財政政策，假如不是的話，又如何要他們負責任？第二，政務官究竟應對行政院長負責還是對總統負責，在實質的意義上似乎不十分淸楚，以致一旦出了錯誤，懲罰的主動權受到影響，難以採取立卽的行動。

不論政務官是不是最後的決策者，或應該對誰負責任，當我們看到一些重大事情發生了，卻無人出面解決，任由情勢惡化下去，顯然是行政體系有了問題。例如，幾十億、幾百億經費的政策失敗，居然不知應由誰來負責，大家推個乾淨。甚至像翡翠水庫這樣小小的地方行政事件，還要勞駕總統出面說話。我們不禁要問，政務官或高級事務官到那裏去了？卽使是地方勢力太大，沒人敢作決定，也得及早報告，何以大家一直的推、拖？

政務官貴在洞燭機先，有遠見，有度量，縱使在緊張、危險的情況下，也能從容爲國家大事作決定。如果只是辦事有能力、有效率，充其量一名稱職的事務官而已，所謂技術官僚，就是這類人物。

政務官旣然要負政策責任，就必須讓他們有機會決策，權責分明，就不可能推卸、逃避；則一旦發生錯誤，也就不會產生自請處分，或負「道義責任」一類的怪現象了。這樣，不僅加強了政務官的權責觀念，對重建行政體系效率，也會有較大的挑戰力量。這也不是什麼高論，就看我們願不願意徹底執行。

（《中國論壇》20卷19期，74年 8 月10日）

鼓勵政府工作人員的士氣

士氣是一種不易捉摸的東西，但確實存在，當個人士氣低落的時候，就無法完成預定的工作目標，甚至無法繼續工作；當機構中士氣低落的時候，將不僅效率降低，而且會弊端叢生，乃至組織解體。為了鼓勵士氣，政府機構和私人公司，通常會訂出一些辦法，如加薪、升職、授權、出國旅遊或進修，使每個人對自己的事業前途充滿信心，整個組織也就會顯得朝氣蓬勃，發展無限了。

士氣高昇工作力強

記得以前讀《戰爭與和平》，在討論到拿破崙的勝利和失敗時，作者說，這和拿破崙的戰略有什麼關係，而決定於軍隊的士氣，當士兵都高喊勝利時，他就打贏了，不願打仗，就敗了。我們現在雖然難以查考這種事實的眞相，但看看工商企業界人士，那麼注意機構內員工的士氣，就可以了解它的重要性。以政府機構而論，士氣尤其重要，沒有士氣，就可能沒有人幹活。外表看起來，每一個機關都有那麼多人簽到、辦公事，實際可能沒有多少人動腦筋，想辦法自動把事情做到最好的地步。薪水大家照拿，公大家照辦，可就是沒有幾個人去辦事。

問題出在那裏呢？第一，每個人的職位都是任命的，祇要不犯錯，誰也奈何不了誰，辦事可能出錯，辦公則永遠不會錯；第二，多數人是靠關係進到一個機構，只要關係不斷，就可以長期坐領薪津；第三，升遷多半只重年資、關係，不重能力，只要不中途死亡，就可以等到一個較高的職位。這三個基本因素足以使任何機構陷於停頓狀態，無法推行業務。不幸，我們有不少政府部門，正是在這種狀況下運作，無怪行政效率低落。

賞罰不當影響幹勁

事實上，降低士氣的原因不止這些，還有另一些因素扮演幫兇的角色。薪資是其一，薪資之所以有高低，就是用來鼓勵有能力而又努力工作的人，現在卻是按規定加數十元，每年每人幾乎相同，豈不是教人不必認眞工作？這種加薪或減薪的方式，已經完全失去了鼓勵或懲罰的意義，然而，行之幾十年而不改。國家已經從農業走進了工業，薪資結構卻還停留農業社會的階段。升遷是其二，升職是爲了賞有功，降職是爲了罰有過，現在的升遷標準卻多半論小圈子關係，或人事上的擺平，降級的就更少了。職位上的升遷，對個人事業而言，其重要程度自毋庸置疑，然而，已經到了完全失去獎勵和懲罰的功能。工業社會中職業的流動性甚高，如果賞罰不當，任何人，特別是有能力的人，不是離開原有職位，就是惰工。授權是其三，合適而又合理的授權，不只是分層負責，也是發揮個人的潛能，把事做得更完善。現在卻是層層節制，美其名曰防弊，實際弊未除而正功能盡失。每個有關的人都在文件上簽字，一旦出了紕漏，每個人都推得乾乾淨淨，分層負責的意義在那裏呢？

要求辦事而非辦公

上述六點意見，從開始的用人不當，到授權的不充份，使各級官吏的工作情緒都受到影響，能力差的根本不工作，能力好的也無從發揮，於是整個機構的人只辦公，不辦事。辦公是照規定簽點意見，把公文推出去，結案；辦事是用最好的方法，獲得最大的效果。如果法規、制度有問題，就應該提出建議，儘快修改法令；如果是人員、經費有問題，也應該提出建議，儘快增加。現在我們看到的卻是，一旦有變故，主管官員就藉機說，人力不足，經費太少。我們不禁要問，究竟要多少經費、人員才算充足？事實上，許多機關都有不少冗員，做事的可能只是少數人。前些時，在餐桌上碰到一位大工廠的高層管理人員，他說在該公司已經工作快二十年了。我問他爲什麼沒有去自開工廠？他說，「我在這裏工作很滿意，充份授權，獨立發展，職位高，薪水也高，我有很高的成就感」。這可能是一種關鍵性的設計，而不是但求防弊。

顯然，提高士氣的最好辦法，就是讓每個人的能力有機會發揮，不以關係用人，不以關係升遷，充份授權，而個人負責，賞有功而罰有過。大家多一點社會取向，少一點個人權力取向。這樣，行之經年，說不定就天下大治。如謂余不信，請決策者試試看。

（《自立晚報》，75年2月3日）

嚴格控制政策設計和政策目標

我們相信，決策者決定要做某些事情時，當然盼望成功；但是，有時候卻失敗了，顯然不能歸之於天命，而是人謀不臧。中國人喜歡說，謀事在人，成事在天。農業社會的知識有限，用這種方式推卸責任，情有可原；現在就不能這樣了。我們可以用很多方法來控制政策的方向，不僅可以十足達成政策目標，還可以使政策本身的正確性增加。如果仍然失敗了，我們就可以從政策本身、政策目標，以及執行政策的過程加以檢討，究竟失敗在什麼地方，至少可以避免下次的失敗。

這些年來，我國由於經濟成長的關係，推行過許多龐大的公共建設工程，所費動輒幾十億、幾百億，甚至一、二千億。這樣多的經費，都是由納稅人一元一元賺進來的，他們遠至非洲、歐洲、美洲、中東，近在亞洲各國和本島的城市、鄉村，眞是冒險犯難，才使我國在出超的情況下，有能力從事各項建設。如早期的社區發展公共工程，後來的十大建設、地方基本建設工程，以及即將推行的十四項建設，都是投入國家力量支持的大工程。這樣大而多的工程，無論成敗，對國家發展的影響都是十分重大的。它的成功，將推動國家進一步的發展；如果失敗，將不僅大損國力，且可能大失民心。上述幾十種工程的經費，加起來總有幾百億或幾千億吧？然而，我們一直沒有看到評估報告，究竟達到了政策目標，還是有什麼浪費的地方？

我們認爲，一種完整的政策，從設計、規劃、執行、到評估，必須經過三種步驟，才算符合要求，才可能使損害降到最低限度，並對未來的政策設計產生有利的影響。

(1) 決策前的研究和政策規劃。目前的行政單位，特別是研考單位，找專業人員作研究的事相當流行，但多半的研究結果是送給各有關單位參考，有關單位也許眞的「參考」一下，也許批個「存查」就結束了。這實在毫無意義。我們認爲，第一要設法找到該行眞正有經驗的專家去做研究；第二要把研究結果送請另外的專家去審查，並會同有關行政主管人員進行討論，做成可行的對策；第三，將各種對策交決策者擇一而行，做爲最後的政策，最後的政策就是規劃的依據。這樣的決策過程，不僅可以減少錯誤和損失，而且增加了正確性和擴大了參與的基礎，對將來政策的執行也有幫助。

(2) 依政策規劃徹底執行。許多好的政策，到最後變成與民爲害，多半是執行過程中出了問題。落實政策的最好辦法就是依規劃方案徹底執行，不許做任何不同的解釋、調整，或改變；否則，就無法控制原來的政策目標、預算，和時間。要做到這一點，必須要有一個優良而有效率的行政體系，可以隨時檢討和改進執行上的技術缺點，並有能力要求依計畫徹底執行。

(3) 誠實的評估政策結果。政策評估的主要目的有二：一是了解原設計與結果有無差異；二是作爲下次政策設計的參考。這樣的日積月累，政策錯誤的機會便將越來越少。可是，有效的評估，必須建立在誠實而認眞的基礎上。我們實行過那麼多的重大政策和工程，是不是每一個都認眞、誠實的評估過？是不是都符合原來的政策目標？如果做過，我們盼望繼續做下去；如果沒有做，我們盼望從現在起，一個一個的，認眞而誠實的去評估。不做事固然不是好現象，亂花納稅人的錢，也不是好現象。

好的行政組織是把每一塊錢花在該花的地方，我們希望能有效的控制政策設計。

（《中國論壇》19卷8期，74年1月25日）

重視政策的預測效果

現階段的許多政策設計，大概以經濟政策的預測性比較高，例如每年的經濟成長率，設計者敢於提出一個成長的百分比，人口政策也有這種傾向。雖然有時候不一定準確，但至少提供了一個事後評估的參考指標。他們能夠提出比較具體的預測效果，主要在於強調控制變項和變項解釋方面的工具性設計。

事實上，任何一種政策設計都含有預測性效果，特別是政策改革方面，否則，就沒有理由從一個政策變成另一個政策。例如，減少戶籍謄本的使用率，就已經假定這種策略比較方便或比較有效；准許旅行社代辦出國手續，以減少出國旅行者的許多麻煩；許多國家跟我們沒有正常外交關係，就設法增加經濟文化方面的交通；搶刼越來越多，就加重刑罰或設法增加破案率。諸如此類的政策改變，決策者都必然有一種假定，卽新的辦法更為有效，或至少可以在某種程度內取代原來的辦法。這是什麼意思呢？這就是預測，預測它的效果會達成某些目標。不過，究竟能達成多少，一般並不十分清楚，更無法具體的列舉出可能成就的百分比。原因是決策者並沒有具體的計算指標，只是根據經驗或主觀的判斷。事後不僅難以評估政策的成敗，並且增加了推諉責任的機會。

既然每一種政策，小至處理垃圾，大至改善政治結構，都含有預測的成分，我們就必須明顯的訂出政策的預測效果，即可以達到那些政策目標。要做到這一點，最少應該遵守幾個原則：一是提出可預測的指標；二是控制一些相關變數；三是設定可評估的標準。可能的話，每一種政策在決定以前，都應該經過專業知識的分析，甚至做過研究。這樣不僅可以增加預測效果，也可以降低損失。

我們盼望決策者特別注重政策的預測效果，以減少政策上的錯誤，加強行政效率；並使國民免於不必要的損害，而獲得利益。

（《民生報》，73年7月6日）

論政策的有效評估與調整

我們一直在強調，工業社會之不同於農業社會，幾乎是全面性的；再好的傳統，恐怕都只能有限度的加以應用，以符合社會的需要。這是無可奈何的事，我們旣然要工業化，要獲得經濟利益，要改善生活品質，我們就必須作合理的選擇。所謂「合理的選擇」，站在社會大眾謀福祉的立場來說，就是隨時有效的調整政策。政策是指導工作方向的工具，如果過於呆板，失去彈性，或不能隨需要而調整，就會發生問題，使社會蒙受損失。

豐中事件暴露政策缺失

豐原中學的禮堂倒塌了，壓死那麼多學生，眞是不應該有的慘劇。爲什麼說不應該有呢？其理由有三：第一，防熱工程設計無法有效作安全上的控制，爲什麼還能獲得專利許可？第二，原有工程和增加工程間的過程，何以無責任關係存在？第三，主辦單位旣沒有工程人員，建築師和營造商的責任何以不能加重？細加追究，這些均與管理政策和建築政策有關，如果在政策上能加強他們的責任，或適時修訂政策，這類意外災害就可以減少或避免。事後的指責、處罰，或用行政命令加強督導，實際只是一種救濟而已，已經發生的損失，毫無辦法挽救。以豐中事件爲例，何以那麼多的危樓沒有陳報？不事修拆？是誰使這種問題繼續存在？應不應該追查責任？從這種辦理事務的方式去觀察，顯然表示在中、下層行政機構中，沒有多少人會主動去發掘問題，對政策提出檢討，或要求修改政策。因而，我們的國家政策、法令，有的幾十年不曾修訂，怎麼會不發生問題，不與現實脫節？所以至此，就因爲中央無法了解政策與法令的無效性，而中、下層機構又不知或不願提出討論。這就是目前許多政策和法令不能符合現實社會要求的癥結所在。豐中事件後，我們要求不能再有類似事件；可是，現象不同，性質相似的事件還是會發生，因爲基本的政策問題沒有獲得解決。已經發生過的許多意外災害，如飛機失事、火車墜河、放水淹死學生、多氯聯苯中毒、礦坑爆炸、商店惡性倒閉、經濟詐欺、公務人員貪贓枉法……多不是「意外」，而是疏忽了政策上的效果。該檢查的沒有認眞檢查，該執行的沒有徹底執行，該罰的沒有罰，該獎的沒有獎。一旦發生災變，互相指責、推諉一番，等待新聞性一過，也就算了，至多下個命令說，不准再有類似事件。死難的人就算是這次「犧牲的代價」。

事實上這類災害都是事先可以控制的，例如嚴格執行飛行的檢修過程，嚴格執行行車交通規則，嚴格執行食品檢驗，嚴格執行礦坑安全檢查，嚴格執行會計制度，嚴格執行貪污治罪條例，不循私、沒有特權，這類災害就會少得多，至少不易發生。我們不能說，工業社會沒有車禍，但可以讓車禍降到最低限度；也不可能沒有空難，但可以控制不該發生的空難。這就是我所說的政策性效果。政策是爲了達到目標，不論是政治的、經濟的、或社會的目標。但是，政策本身並不能完成目標，它只能顯示目標在那裏，完成目標需要靠有效的行政體系，以及無數認眞而徹底執行的工作人員。假如其中有人和機構執行不力，怎麼辦？這就需要客觀而公正的政策評估，以認定執行的過程、認眞、負責的程度，以及肯定對政策目標成就的大小。這樣，就不致於事先荒疏，事後無益的檢討。

我總是在想，有許多事情，明顯的可以事先避免若干災難，爲什麼總要等到災難之後才來設法防止？例如六十九年間，臺北市教育局在「高壓電線下蓋了個胡適國小，不僅壯觀，而且將有成千的小朋友，在高壓電線下讀書、遊戲、玩耍，這眞是一大創舉。可是，我們這些附近的居民卻不了解，爲什麼一定要做這種冒險，難道也要等到有人犧牲了，才肯付出代價？」（《中國論壇》十卷二期；又見《犧牲的代價》，頁六三，臺北：經與書局）當時聯合報和中國時報均曾報導，期期以爲不可。然而，學校還是蓋起來了。我們認爲，這依然是一件危險的事，應該把學校拆掉的。

安全社會體系的三項要件

我們也一直強調，政策是爲了社會大眾的利益，工業社會尤其如此，這從已開發國家的工業化和政策目標也可以看得出來。他們在謀求企業家利益和社會大眾利益之間，付出了相當大的努力，成果雖不十分理想，卻也樹立了一些後期發展的規模，最明顯的就是資源分配和經營方式的改變。二十世紀初，工業家與勞工間的利益衝突，經過馬克思主義的渲染，已經不是個別問題，而成爲資產階級和勞工階級的鬥爭；一九一七年俄國布爾什維克革命，成功地取得政權，更增加了這一明顯鬥爭的趨勢，似乎沒有妥協的餘地。可是，後來許多工業國家，如瑞典、瑞士、英國、美國，爲了建立社會的安全體系，主動推動了兩種政策：一種是以「民主」爲手段，希望達成政治權力平衡的目標；一種是以「福利」爲手段，希望達成調節財富分配均等的目標。現在從幾個北歐國家的發展可以了解，這些措施不僅緩和了勞資雙方的利益衝突，使社會獲得穩定發展的機會，而且相當程度的遏阻了共產主義的擴張。這就是說，一些以建立安全社會爲目標的政策，它的效果往往會很大，而導致政治的穩定發展。

由於強調民生主義精神，社會政策在我國雖能很早就受到重視，但距離理想目標仍甚遠。所謂理想目標是指把社會成員當做完成政策目標的對象，建立一個安全的社會體系。建立工業社會的安全社會體系需符合三個條件：一是「經濟成長」，這可以增加人民的財富，提高生活品質，並應運用社會政策，使財富分配趨於均衡，以免貧富過於懸殊。二是「政治穩定」，這可以藉民主法治的過程，令人民積極參與政治事務，獲得權力上某種程度的滿足感，以增加政治的認同與共識。三是「社會的自由與平等」，如果社會上沒有恐懼，沒有特權，具有實質上的自由與平等，人民就不會對政府產生疏離感，這對維持現有政治的運作方式也是有利的。但是，這一切都建立在合理而有效的政策上，如果政策本身不合理，則不僅這些理想目標無法達成，還會對人民直接帶來災害，例如工業化所帶來的環境污染，政治特權帶來的不公平，不當政策帶來的政府經費上的浪費，甚至社會大眾的財產損失。

工業社會不像農業社會，一個「重農輕商」政策可以用上百千年而不變。工業社會政策應該隨時針對需要而作合理的調整。我們的利率、外滙政策已相當的具有彈性，也相當的能反應社會大眾的利益；爲什麼在政治、外交、行政等各方面的政策，卻顯得那麼樣的缺乏彈性，甚至無法應變？問題究竟在那裏？是官員還是制度？我們似乎應該徹底檢討一下。

無論如何，我們總應該設法有效的調整政策，以減少或消除對社會大眾的災害。以政治的高位置來說，個人的升遷是小事，爲社會大眾謀福祉，爲國家建不朽之業才是大事。

（《中國論壇》17卷1期，72年10月10日）

社會政策是爲人民而設計

我們到現在還不十分清楚，當初的兩性分工，究竟是基於體力上的原因，還是策略上的原因。大概那也並不太重要，因爲無論是出外打獵，或家內操作，都沒有受到什麼人爲的干擾。獵取到了食物，大夥兒分而吃之；生了孩子，總得有人撫養。有事大家做，沒事大家休息，這種情況，自然不會有什麼政策問題。

社會發展的結果，有許多人逐漸聚居。聚居的人越來越多，就形成所謂部落社會。部落社會就帶來一些新的問題，例如生產與分配的權利義務關係如何介定？社會秩序如何維持？誰有權力發號施令？於是產生了部落酋長統治，有些人發出命令，有些人依命令行事。所有的命令都是因部落社會的需要而發生的，這類人可能就是初期的社會決策人物。一切都是爲了小社會的人而設計，領導人跟社會成員沒有什麼差別，可以說是公開而又公平。

社會越來越複雜了，從漁獵發展到定居的農業社會，部落變成了國家，酋長變成了君主，龐大的國家組織使社會成員縮小到看不見的地方。作爲一種職業分工來省察，皇帝是世代承襲，士農工商也多半是承襲，流動的幅度都不大，前者靠殺頭，後者靠努力和機運。君主的命令不能違抗，社會成員只能服從。社會成員努力工作，一半爲了自己和家人的生存，一半爲了養活地主和皇室；沒有人知道皇帝是爲誰而下達命令。這似乎是一種世界性的發展，儘管有地區間的文化差異，卻是同一個模式：農業的龐大生產力製造了龐大的國家組織，建立了政治上的君主專制；社會成員喪失了所有的自主權，只有聽從來自統治者的政策命令。這些政策，對生產與分配來說，旣不公開，又不公平。所有的權力資源都掌握在統治階層手裏，即使發生了重大的天災兵禍，饑荒連年，也不過是象徵性的救濟而已。〈禮運・大同篇〉曾經爲我國社會發展提出一個理論模型，可是，沒有一個朝代的統治階層眞正試圖去實行，即使是類似的策略也不曾制訂過，至多是景仰「夜不閉戶」的太平世界。

到現在，我們還不太了解，爲什麼所有高度發展的農業社會，都適合於製造一種由少數人獨佔資源的制度？歐洲的封建制度如此，亞洲的君主制度亦如此。生活在此種制度下的人民，除了揮汗田間，流血戰場以外，似乎永遠得不到合理的照顧，從沒有一種社會政策是爲了這些人的安全和幸福。自漢以來，中國的皇帝也不止一次說過要「重農輕商」，然而，沒有政策效果，百分之九十以上的農民，生活條件從來沒有獲得改善。皇帝的龐大收入只是爲了皇家的豪華享受、官吏階層的揮霍、以及軍事的浩大支出，一般社會成員完全沒有受到政策的保護，無論是政治、經濟、社會的利益。

這種情況也許是由於所謂匱乏的農業經濟所造成，資源有限，自然就造成分配的難以均衡；另方面又由於特權階層的巧取豪奪，使權力、財富集中在少數人手裏。當時的政治環境，總認爲天下是打出來的，天子是替天行道，是天生的，一般人也是天生的被統治者，命該如此，到後來成爲理當如此。承平時候，或是日子還過得下去的時候，沒有人會懷疑這種解釋；可是，一旦壞到生活熬不下去了，就必然天下大亂，再嚴重一點，就革命。換一個皇帝，正如項羽的豪語，

「彼可取而代也」。農業社會中國人的命運，翻開歷史讀讀就會發現，隔了一個時期，生活實在太苦了，又沒有人去設法救濟或改善，農人起來造反，換一個皇帝。這就是中國歷史上的一治一亂。治的時候休息，亂的時候打天下。但是，新王朝也從來沒有以政策去解決老問題。

後來，工業化運動在英國獲得空前的成就，十九世紀以後又逐漸在世界各國發展，形成一些所謂工業化國家，對社會成員而言，這種發展產生兩個極大的影響：一爲資源不斷增加的結果，不僅使財富分配較爲平均，階層與權力分配也有了重要的改變，最大的改變就是中產階級的興起，這個階層對於要求在政治、經濟、社會、教育上的機會均等和民主，出了很大的力，最後企圖建立自由、平等的人類社會；二爲工廠主與勞工利益衝突的結果，使福利社會思想和政策快速發展，成爲穩定社會的主導力量。

二十世紀初，工業家與勞工間的利益衝突，經過馬克思主義的渲染，已經不是個別問題，而成爲資產階級和勞工階級的鬥爭；一九一七年俄國的布爾什維克革命，成功的取得政權，更增加了這一明顯的鬥爭趨勢，似乎沒有妥協的餘地。可是，後來許多工業國家，如瑞典、瑞士、英國、美國，爲了建立社會的安全體系，主動推動了兩種政策：一種是以「民主」爲手段，希望達成政治權力平衡的目標；一種是以「福利」爲手段，希望達成調節財富分配均等的目標。現在從北歐幾個國家的發展可以了解，這些措施不僅緩和了勞資雙方的利益衝突，使社會獲得穩定發展的機會，而且相當程度的遏阻了共產主義的擴張。這就是說，一些以建立安全社會爲目標的社會政策，它的效果往往會很大，而導致政治的穩定發展。

由於強調民生主義精神，社會政策在我國雖能很早就受到重視，但沒有經濟資源的支持，施行頗爲困難，因而民國以來，所謂福利措施，依然只是慈善家式的，零零星星的勉強做一點。近幾十年，臺灣成功的工業化政策，才有比較多的經費用來支持國家的社會政策，特別是福利政策，但從預算分配以及政策目標而言，距離理想仍甚遠，距離工業化國家標準尤遠。這裏所說的理想是指把社會成員當做完成政策目標的對象，建立一個安全的社會體系，而非單純爲了解決某些問題，或做爲政治的手段。

社會安全體系究竟包含那些要素，或者說，在政策上應該如何去做，才合乎安全體系的原則？我以爲這要從兩方面去了解：一是世界趨勢，二是本國環境。農業時代有利於君主專制的發展，那時候主要的文明國家都是貴族政治，把社會分成統治者與被統治者兩個階層，加以君權神授或天子之類的神話，所有的社會成員幾乎都接受這種理論；當時的中國政治文化也是這種現象，孟子的治人者與治於人者，就是把社會成員劃分爲兩類，直到二十世紀初年，那時的政策只要能維持社會和平，不打仗，少納稅，就算是上好的統治者了。很顯然，這種政策僅是爲了保障政權，保障旣得利益，而非爲社會成員服務。但這是所有農業帝國的一致趨勢，中國是這種趨勢的一部分。

工業社會的世界趨勢是什麼呢？這有三方面的意義，也可以說是受到三方面的挑戰：一是要求工業發展，工業發展可以增加財富，提高人民的生活品質；並可以運用社會政策，使財富分配趨於均衡，不致貧富懸殊。二是要求政治穩定，政治穩定在於藉民主與法治的過程，令人民積極參與政治事務，獲得權力分配上的滿足感，對政治增加認同與共識。三是要求社會安全，社會安全是以自由、平等爲基礎，如果社會上沒有恐懼，沒有特權，人民就不會對政府產生疏離感，這對維持旣存權力的運作也有幫助。現有的工業國家，從北歐到中歐到西歐，每一個國家的政策幾乎均是要求工業發展，政治穩定，和社會安全。以瑞典爲例，最近幾年的國民所得總是佔世界的前幾名，有時是第一名；在法治下的政黨政治運作非常穩定，看不出有什麼共識上的難題；全體人民都感覺到社會的平等而自由，不必害怕特權和迫害。這種工業世界的趨勢就是開放社會的多元體系，尊重人性、理性、和選擇性。一切以社會成員的利益爲利益，社會成員的需要爲需要；所有的社會政策，無論經濟的、政治的、或社會的，均是爲社會成員謀福祉。事實也是如此，決策人員多半是由選票產生的，怎麼能在當選以後，在決策上把選民拋開，祇爲自身的利益？何況維護人民利益對政權的安定性還有積極的作用？

相對的，許多開發中國家雖然也在謀求工業發展和政治穩定，但差不多都失敗了。發展和穩定的條件不夠固然是原因之一，最重要的還是其政策沒有以社會成員的需求爲前提。在沒有社會成員的強力支持下，所有經濟、政治、社會計劃自然都會產生危機。危機的意義就是不能認同和沒有共識，最後無法團結，而導致社會混亂或解組。問題在那裏呢？這類國家的領導人認爲，只要有錢有權就可以解決所有問題；事實上這是辦不到的，除非在政策上也能獲得社會成員的強烈支持。

現在我們可以獲得一點結果，工業社會是一種多元的開放社會，爲了建立這種開放社會，卽經濟的發展與均衡，政治的民主與穩定，社會的平等與自由，我們所有的社會政策必須適合於社會成員的理想，也卽是，社會政策是爲社會成員而設計；否則，不僅無法成功，還將危害現有的社會體系，乃至產生危機。

這算什麽施政計劃？

剛坐下，電話就來了，是老闆的。電話中吩咐：趕緊草擬一份計劃書，明天要去作報告。

我以爲什麽大事，緊張兮兮的，原來是草擬計劃。這也不是頭一回，要不了我幾個小時。

把計劃送上去，老闆就差人來叫我，一見面便吼起來：「這算什麽施政計劃？也不用用腦袋，給我唸唸看」。

空空洞洞的二十一項計劃

唸就唸，還錯得了不成？我心裏想。

(1) 加強行政管理；(2) 加速地方建設；(3) 改善社會風氣；(4) 改進交通安全；(5) 促進市場繁榮；(6) 增進福利措施；(7)強化各級教育；(8) 健全社團組織；(9) 推動社會革新；(10) 重視輿論民意；(11)提高服務品質；(12)保障社會安全；(13)防範暴力犯罪；(14)整頓流動攤販；(15)嚴禁違章建築；(16)保護居住環境；(17)提倡正當娛樂；(18)推展全民體育；(19)擴大文化建設；(20)美化居民生活；(21)滿足居民需求。我透口氣，停下來，眼看着老闆，找不出什麽錯誤。老闆終於說話了：「你這二十一條，毫無新鮮之處，你至少犯了三個大錯：第一、措詞空洞，無實質內容可言；第二、條陳混雜，無一致性；第三、放言高論，無法作爲實行之依據。拿回去，重做」。

我不能接受，提出辯解。老闆開始不耐煩起來：「我問你，什麼叫『加強』行政管理？『加速』地方建設？『改善』社會風氣」？

加速加強名詞上變花樣

我終於弄懂了，打斷了老闆的質問：「加速地方建設就是儘快做一些地方上需要的建設工作，改善就是……」。「好了」。老闆不讓我繼續下去：「這完全沒有意義，我問你，地方建設可以叫加速，是不是也可以叫加強、改善、推動，或強化？多快才算加速，十分之一，還是百分之一？那些地方建設？公園、道路、水溝，還是古蹟？完全不確定。你所用的那些形容詞，每一個都可以換上另一個；你所列的那些項目，每一項都可隨便加點什麼進去。這樣的計劃如何實施？完全沒有意義」。

我突然明白過來，老闆是要實行的計劃。這可難了，我們一向是紙上作業；眞正要做的計劃，靠我一個人怎麼擬得出來？必須每一部門提出細部計劃，共同討論。我總算想通了，告訴老闆：「這不是眞正要做的計劃，報賬而已。我們每年都這樣寫一遍，報出去，也都通過了，因爲事情是做不完的，自然每年都可以加速、加強、改善……。事實也是如此，那有一年兩年能把流動攤販整頓好，能把違章建築完全拆除？說實在的，就目前的行政結構，我們能提出具體計劃嗎？卽使提出來了，將來做不到怎麼辦？那些審核的人，一個個亂批評，從不就事論事」。

老闆似乎有點同情了，「我不怪你，的確有許多人和許多機構都在這樣做，提出些空洞而不能實踐的口號。這是一種騙騙自己的儀式行爲，以爲喊過口號就等於做了。可是，我仍然不能接受你的解釋，爲什麼不能把施政計劃具體化？有些別的計劃不是早就這樣做了嗎？例如，把人口增加率降至千分之十五，把物價穩定在百分之四，把經濟成長提高至百分之六，全是具體的數字，爲什麼我們的計劃就做不到」？

我簡直有點佩服老闆了，「依你的意思……」？

依目前行政體系怎麼做？

「依我的意思，儘管他們不會注意這些，一天到晚在爲自己的事業賺錢忙，我們的施政計劃還是要提出工作重點，不能光說整頓交通秩序，而要一項一項指出來，並規定執行辦法，例如，闖平交道，重罰；無照行車，重罰；阻塞人行道、慢車道，重罰。不能光說提倡正當娛樂或改善社會風氣，這種話說了等於白說，因爲沒有工作架構，誰都不知道如何着手；而要列出工作項目，例如，開闢兩個可容千人的郊區野餐區；增建一個青少年及成人遊樂場；創辦四個休閑活動中心。這樣，不但執行時有依據，沒有徹底執行時也容易考核」。

我幾乎完全接受老闆的看法，可是，在目前的行政體系下，誰會認眞去這樣做？我又有點疑惑了。

（《時報雜誌》156期，71年11月28日）

連串重大災難後的反省

不到一年的時間，我們這個社會發生了如此多的重大災難，眞讓人感到寒心又痛心。我們眞不知這些職司政務的官員們，平日究竟在做些什麼，難道眞的只管自己的升遷、權力、和利益？如果說我苛責，就讓我們回想一下這幾個月來的重大災難吧！

災難頻仍誰應負責

(1) 七十三年六月三日及十日的連續水災，死傷幾十人，郊區和市區盡成澤國，損失財產難以數計。

(2) 六月二十日、七月十日、十二月五日連續礦山災變，死傷幾百人，不僅爲我國重大礦場災害，世界上也少見。

(3) 內湖幾百公尺高的垃圾山大火，蔚爲世界奇觀。

(4) 幾個月中，黃樟素、泰國玉米、S-95、味全乳粉等連續的食品衞生問題，鬧得天下大亂。

(5) 爲二重疏洪道，洲後村村民拒絕遷移的大風波。

(6) 劉宜良命案，竟牽連到情報局，輿論大譁。

(7) 七十四年二月爲十信金融大風暴，三月的國信轉移。爲臺灣社會帶來大震撼。

(8) 許多重大公共投資，造成浪費或可能造成浪費，卻無計可施。如國民住宅、地方基礎建設、核三廠、核四廠等。

這種幾乎平均每月一次的重大災害，何以在開始的時候總沒人去管？我們甚至懷疑，整個行政體系已到了癱瘓的程度。例如，水災、垃圾牽涉到市政計劃，礦災牽涉到內政、經濟事務，食品、醫藥牽涉到衞生、檢驗的問題，洲後村遷村與地方、中央政治運作都有關聯，重大公共投資與中央整個決策過程及監督、評估有關，劉宜良案幾乎涉及全部警政、情報系統的作業方式，十信、國信風暴完全係金融體系和行政體系沒有應付危機的能力所造成，這樣計算起來，從地方到中央，從內政到經濟、財政、情報，都呈現了明顯的缺失。這種情況究竟是如何造成的呢？顯然是那些有職務的人不作決定，不敢作決定，或不知作決定的結果。如果是屬於前者，就是行政運作過程牽連太多，名爲防弊，實則流於無人管理；如果是屬於第二種情形，就是授權不充分，或官員本身沒有責任感；如果是屬於後者，就是官員的知識、能力不足，無法解決衝突，應付危機。

顯係行政體系癱瘓

「六三」不是第一次水災，礦災也不是第一次發生，垃圾山更是堆了十幾年，食品衞生、醫藥廣告是一直存在的問題，爲什麼沒人去管？如果說不是行政體系癱瘓，你說是什麼？二重疏洪道在民國四十九年就開始研討，歷經二十四年，幾任主席，爲什麼還會形成因時間緊急，強迫遷村的不愉快事件？顯然是行政機構的因循、墮落。十信金融風暴，讓合作金庫出面收拾殘局，說是爲了社會安定，顯然是欺人之論。十信弊端，在民國六十三年就已發生，其間歷經三個行政院長、兩個中央銀行總裁、五個財政部長、五個主管金融的財政次長、五個金融司長、四個臺北市財政局長，在長達十年的過程中，違規節節升高，其間只要有一個人認眞，負責辦事，以國家前途爲重，這種無法無天的事，早就解決了，用不着以上百億的稅金來挖肉補瘡，這不是行政體系癱瘓是什麼？至於臺電的核三廠以兩倍的數字追加預算，核四廠的一千八百億投資，從中央政府預算總支出觀點來看，簡直是跡近荒唐，我們這些遠離權力中心的小老百姓，眞不知道誰在評估投資計劃，或有沒有人評估？這裏只是舉出幾個大案子，其他如貪污、瀆職、搶刼、違法、弄權，層出不窮，就不必細說了。

黨政協調掩飾衝突

爲什麼會搞成這樣的局面？我以爲有兩個最大的原因：一是政府的決策者過份強調和諧與安定，無論發生什麼爭論，都用黨政協調來解決，其實是用黨的壓力迫使從政黨員就範。事實上，爭端並沒有解決，只是把它埋起來，表面看不出問題。我們都知道，政治不僅涉及權力分配，還涉及財富分配；旣然是分配，就有衝突。良好的行政體系就是要能解決衝突、應付危機，而不是把衝突掩蓋起來。讓立法院、監察院爭吵，讓地方議會爭吵，不只是替納稅人表達意見，也給政府官員警告，免於因循、墮落，最後一切都上軌道，才會獲得政治上的眞正穩定；要不然，表面安定一時，最後就出大亂子。二是重要人事安排的沒有制度化，大家都隨這個人好惡，用幾個慣常認識而親近的人，做起決策來可能毫無異見，毫無阻礙；但這樣的決策，往往無法控制品質，一着錯就滿盤皆輸。什麼都由一個人或少數幾個人出主意，不要說專業知識有限，就是實踐政策的能力也無從估計。全社會的人才都是爲國家培養，所有的人才都願爲國家効力，爲什麼總是跳不出私自製造的小圈子，把重要人事安排作合理的制度化？

政治權力合理分配

政策是爲了全社會人的事，如果偏向於少數人的利益，這種政策就不會成功；行政體系是爲了執行政策，如果行政體系不能正常運作，就無法達到政治目標。我們盼望有決策能力的人，趕快運用智慧，拿出魄力，使政治權力分配合理化、制度化，則不僅可以化解衝突，還可以建立國家社會的眞正安定與和諧。

（《自立晚報》，74年4月29日）

三個故事的聯想

最近社會上連續發生幾件不算轟動的小事，在我看起來卻是大事。我說大事，是因爲它驗證了我們的一些信念，說明只要信心堅定，努力做下去，就會獲得實踐後的理想結果。這三個故事各自獨立，沒有事實和理念上的聯貫性，經過報紙、雜誌的報導，我試圖把它們做了一些聯想。

佛教大師退休受敬佩

第一個故事是一位佛教大師的退休。退休本來是件尋常事，卻發生在這不尋常的佛教世界。大師正在盛年，突然宣佈退休，據說有些信徒代表痛哭流涕，盼望他繼續做下去。大師認爲制度是他自己訂的，怎麼可以自己去破壞？結果由於他的堅持，求仁得仁，退休了；把他的財富、權力交出去了。

依照習慣的做法，他有兩個對自己有利的選擇：一是再三謙讓，最後實在讓不了，不得已繼續執掌權柄，這在中國歷史和佛教史上也不是沒有先例；另一個選擇是，環顧四周，找不到可以傳衣缽的理想人選，順水推舟，再勉爲其難的做下去。但是，他沒有尋找這樣的藉口，爲了維持任期制度，乾脆的把權力交出去。我認爲這簡直是偉大，偉大不在於職位的大小高低，在於尊重制度和規範的精神。

也許有人不同意我的看法，可是我們不要忽略，他在臺灣佛教界所能掌握的資源，以及身爲佛光山的創辦人地位。我們試想，如果所有的團體都能按期改選，按期移轉權力，豈不就完成了民主程序？誰說中國人不適合於民主，連佛教徒都可以實踐。可見問題在於對民主有沒有信心，對權力能不能不戀棧。

民營公車改革耐尋味

第二個故事是一家民營公車的改革。臺北市的公車營運，一直都沒有上軌道，聯營後，問題就更複雜了。最大的問題在於目的不同，公營爲了服務，民營爲了賺錢，不知道誰出的餿主意，居然把兩個截然不同的目標放在一起，失敗自然無法避免。另一個失敗在於車票種類太多，爲了既得利益，爲了特權，爲了人情，沒有人願去尋求合理的改革辦法。因循如此，怎麼不弊端百出？不論是由於管理不善，還是票價太低，據說每一家公車都在虧損。

但是，有一個醫生總經理在虧損下接管他的公車，找出病根，勵行新法，祛除人情，改革人事制度。幾個月以後，服務態度改善了，車子不但新而且清潔了，員工認同感增加了，公車轉虧爲盈了，乘客喝彩了。

在既沒有增加票價，也沒有外力支援的情況下，他只是尋求經營、管理原則，徹底改革，他成功了，你說這是什麼驅力在推動他？他要求成功，不能失敗；一失敗，就把將來的事業也輸掉了。

商場職業道德獲重視

現在我們再來看看公營公車，有沒有這種驅力和壓力？金融、行政上的改革，有沒有這種驅力和壓力？如果沒有，那就注定了要失敗。如果成功可以獲得合理的報償，失敗會遭到嚴厲的懲罰，你試試看，誰敢不認眞辦事？

第三個故事是一個女總經理的戰場。臺北市東區有一家大百貨公司，由於老闆在別的事業上經營不善，連累這家百貨公司賣來賣去，三易其主，總經理不但是位女士，而且沒有換過。我們不知道她是如何贏得三任董事長的信賴，在臺北這種商場和官場，要獲得老闆的信賴並不是件易事。

我國的俗語說，獨木難支大厦。當相關的主要公司垮了，你面對危機，勇敢的繼續工作，可是，你怎麼判斷，不會把自己賠了進去？一次，兩次，三次？她要應付的困難有：廠商、貨物、資金、員工、流言、業績，諸如此類，壓力非常沉重。然而，她承擔風險，獲得員工支持，終於化險爲夷，渡過多次難關，使這家百貨公司得以在穩定中繼續經營。

這實在是一種了不得的經驗，重要的不在於她能渡過幾次風險，而在於她如何決定要冒這種風險，以及爲什麼要冒這個風險？她可以置身事外，去尋求另一個總經理；也可以等待董事長的指示，再做打算。但是，她選擇了最不利於自己的一途。我認爲，這是一種職業道德，既然做了總經理，就得付出應付的代價。臺北的商場和官場，最缺乏的就是這樣的職業道德，動不動就是捲款潛逃國外，或打些不負責任的官腔。

尊重制度改革待努力

故事講完了，試把它們聯起來想想，如果每部門的主管都像女總經理那麼認眞、負責、有職業道德；如果每個人都像那個醫生老闆徹底執行改革；如果每個團體的負責人，都像佛教大師那樣尊重制度，按期移轉權力；這個社會不是很理想嗎？還有什麼隱憂？

（《自立晚報》，74年 9 月16日）

無力感一解

我國是一個古老的國家，但也是一個素來貧苦的國家，送紅包是否因此而起，不得而知。紅包送慣了，不把它當做賄賂，可能是一個歷史事實，就像給壓歲錢一樣自然，一樣令人歡喜。

現在是工業化了，錢賺得更多，紅包自然會更大。紅包不夠或沒人送紅包時，就自己拿。自己拿是貪污，接受紅包當然也是貪污。在我們當國民的看起來，貪污的人那麼多，受到處罰的卻那麼少，那麼輕。我們希望有關機關振作一點，遏阻這種經濟犯罪的歪風，卻無能爲力；我們盼望各級議會對這個日益嚴重的社會問題加強壓力，不幸許多議員卻連自己也掉進去了。看起來，要建立一種清廉的政治體系，我們這羣國民眞是無能爲力。

無力感就是這樣產生的。在工業社會中，由於技術、制度，或組織的控制力越來越大，個人工作或生活在這樣的環境下，想改變一點工作方式，或干預某些制度和組織，簡直完全無能爲力，除了跟着機器工作，接受制度和組織的控制。這種人假如只是少數，對整個社會而言，當然沒有什麼關係，因爲還有更多的人，已經從這種狀況中獲得權力、財富、或地位，甚至三者兼而有之，他們會強烈擁護或支持這種制度。但是，假如這種人多到一個相當多的程度，到了極點，就會對這個社會疏離。疏離表現在行爲上有許多可能，沉默、退隱，不再關心這個社會，是其中的一種，遠走高飛是另一種；反抗是比較積極而強烈的一種，這樣就相當麻煩了。

我們這個社會是不是有這種無力感的現象呢？

我們希望建立一個清廉而有效率的行政體系，貪污卻那麼多；我們希望建立一個富裕而安全的社會，暴力威脅卻那麼多；我們希望建立一種更爲公平而合理的民主政治，阻礙挫折卻那麼多。

我們似乎注定了無能爲力，只有希望參與決策諸公，力挽狂瀾。

（《中國時報》，74年9月15日）

防止形式合法的實質違法

新聞報導在追索一些與財務糾紛有關的問題時，有牽連的當事人通常會說：「我們的每一項手續都是合法的」。說這種話的實質意義是企圖劃清界線，證明自已清白；一切的交往都是公事公辦，即使去調查，也查不出破綻。這種防衛方式，跟早期的政治公文所說：「事出有因，查無實據」如出一轍。

社會大眾是不是就會這樣的輕易相信呢？顯然不會。我們都知道，中國的政治圈一向講究特殊關係和情面，對於圈中人惹了麻煩而具有合法手續，往往都會網開一面，把嫌疑人開釋，然後不了了之。這可以說是一種相當普遍的掩護模式，圈外人雖然完全明白，卻又無可奈何，於是叫它做「官官相護」。官官相護就是利用形式上的合法來保護實質違法的人，使他們免於犯罪，逍遙法外。顯然這是特權，特權越多，行政效率便越低，官員便越腐化，社會的離心力便越高，最後，社會秩序就難以維持了。

最容易表現「形式合法」的方式，就是利用公文旅行的文學政治，上級機構下達一道命令給下級機構，如何如何辦理具報。這一太極拳，可以產生三個可能性：辦妥了，皆大歡喜；辦不妥，另一回合再說；不辦，反正公文已經下達了，形式上已沒有責任。你要追究，他說「我是合法的」。舉個例子，財政部下個命令給北市財政局，如何如何去處理十信的違規事項。後來違規事件還是爆發了，並且牽連甚廣，也可能涉及財政部，於是財政部便可以振振有辭的說：「我們一切的手續是合法的」。這是可以理解的，形式上一切都合法。這種例子太多了。

我們認爲，政府設官任事，重要的是爲社會、爲人民、爲國家解決問題。如果不能解決問題，甚至引發更多、更大的問題，就是失職，就是違法，就要負責到底；如果是決策者，就要引咎辭職；不能有任何藉口。政府執法人員，特別是檢察官，對於所有這類人物，應該特別留心，不要讓形式合法去保護實質違法；要不然，你保護了特權，就失掉了人心，取捨之間，不容猶疑。我們盼望大家能勇敢的面對問題，行公道，收人心，以改變目前許多不良的政治風氣；政治風氣若不獲得改善，社會風氣將更積重難返。清代的政治家說：「仕風變，天下治矣！」

（《民生報》，74年3月3日）

立法之後，尤須執法

這些年來，我們這個社會，有些事是在進步，例如有了什麼突發事件，就倡議立法。立法是治本之道，值得鼓勵。然而，徒法不足以自行，如果立了法，又不澈底執行，或不知如何執行，甚至不知由誰執行，這種法還有什麼用？

當前的社會正有許多這樣的怪現象，一旦事情發生了，就嚷着法令不足，人力不夠，經費不敷。爲什麼事先沒有人設法改善？要等到事後來推卸責任？顯然是行政體系上出了大問題，才能事先可以不聞不問，事後又推得一乾二淨。難道眞的找不出一個客觀標準，來衡量行政機構的得失？例如，搶刼案多起來了，他們就宣稱警力不足；攤販、違建多起來了，他們又宣稱法令不足。諸如此類，好像過錯全在別人。我們可否反省一下，究竟是執法不澈底，還是什麼東西不足？眞有什麼不足，也該迅速設法改善，立法院不是經常在通過法案，行政院也經常在增加人員（報載，十年來裁減了一萬四千多人，卻增加了十三萬多）？總不能每件事都立一法，每個人後面都跟個警察吧？

原因在那裏呢？就是不執法。以交通違規事件爲例，闖斑馬線、黃線停車，都可以重罰而不罰，怎麼不秩序大亂？再以公務人員升遷爲例，本有規章可循，卻故意忽視能力和品德，而強調關係取向，以致賞與罰都失去了原來的意義和效果。爲什麼不澈底執行已有的法令，而總是埋怨法令、人力、經費之不足？

立法還是在於執法，否則，又有何用？

（《民生報》，73年4月7日）

全怪法令不全？

違章建築取締不了，主管官員說，法令不全；啤酒屋取締不了，主管官員說，法令不全；色情休閒中心、地下舞廳取締不了，主管官員說，法令不全；有毒麵包、食品取締不了，主管官員說，法令不全；海水、河川、空氣汚染取締不了，主管官員說，法令不全。類似的事情一旦發生，我們幾乎就可以從傳播媒體上聽到一些「法令不全」的聲音，聽起來眞有無可奈何之感。聽多了，就難免不起疑心，究竟是法令不全，還是推卸責任？

這種推論基於兩個假定：其一是，像違建、色情、汚染之類的事情，已經存在許多年了，如果法令不全，早就應該建議修法或立法。行政機構一天到晚在開會，爲什麼不能討論這種根本問題，而讓法令不全的空隙一直拖延下去，以致違法事件越拖越嚴重？其二是，卽使原來法令不周全，事情發生了來不及修法和立法，仍應循司法途徑加以救濟，豈可以「法令不全」一句話，輕輕把責任搪塞過去？事實上，也不可能爲每一種行爲都立法，許多判例仍可挽救眞正法令不足之處。

法令旣不可能周密到無懈可擊的地步，就要靠執法者的智慧和勇氣了。執法者必須具有三種基本精神：(1)是依據事實原則，徹底執行；(2)是不徇私、舞弊；(3)是不推卸責任。如果有一於此，再多、再好的法令也屬徒然，那就是執法者玩法。如果執法者玩法又不會得到應有的懲罰，那不是法令不全，而是法令廢弛。如果到了這個地步，就等於行政體系解組，什麼也不用說了。

我們希望每個執行公務的人都拿出點道德勇氣來，既然領了薪水，就盡力的幹活；我們也希望所有行政機構都能打破人情關係取向，以功績任人任事，使每個人都努力去幹活。努力工作的可以獲得較多的報償，不努力的就會降職或減薪。我們不要老是喊法令不全，從歷史上看，法網越密，人民動輒得咎，決不是一種好現象。許多事情，在現有法令基礎上就可以做得很好，問題在於執行到什麼程度。

（《民生報》，75年5月13日）

兩署的責任大了

剛宣布成立勞工署，又宣布要成立環保署，看來政府要好好整頓一下勞工和環保的工作了，這自然是值得高興的事。多年以前，我們就一直在喊，工會要由工人自己去管，環境保護應由政府積極處理。然而，就是沒有人理會，直到工會理事長落選了，淡水河「死掉」了。

現在做也不算遲，只要眞能改善缺失。從新聞報導來看，兩個署的成立，似乎都與改變政策取向有關，希望藉提高組織地位和擴大權力範圍，以完成政策目標。這也許是一種最直接而簡單的辦法，是不是最有效，就要看今後能執行到什麼程度。

事實上，我們都知道，擴大組織與解決問題的能力，並無必然的關聯性。當前許多問題的癥結，可能不在於組織地位，而在於執行的能力和勇氣。已有的許多事實可以證明，往往提高了機構的地位，或成立了新的專責機構，並沒有比以前做得更好，甚至還帶來不少新的問題。

我們盼望兩署成立以後，不要重蹈覆轍，而能擺脫以往的官僚習氣，眞正為勞工和環境貢獻一點心力，那也就對得起國家和社會，沒有浪費成立新署的經費和人力。

對勞工署而言，客觀環境擺得很清楚，加強勞工對工會的自主性，爭取普遍性的勞工退休制度，以及准許合法提出勞資爭議的手段，應該是三項主要工作。如何推行，才不致產生不利的影響，而又能達成保障勞工權益的目的，就要看將來勞工署負責人士的智慧和努力了。

對環保署而言，首要工作將是拿出勇氣和魄力，去打擊那些製造污染的惡勢力，這包括許多公、私營大工廠和一些羣眾。其次是如何有效控制水、空氣、環境和噪音之類的污染源。這些都是老話，只是說得多、做得少，就使問題越來越嚴重。我們盼望環保署能切實而認眞的去做。

這些意見，其實都是卑之無甚高論，不脫老生常談，原因都出在：我們這個社會中，名位，人人有興趣，難事，卻沒有人想做，就只好開會終日了。我們盼望兩署成立之後，能迅速完成它們的任務；不然，縱使升爲部或院，又有什麼用？

（《民生報》，76年4月15日）

面對問題，不要逃避

假如有人當眾批評我，研究工作沒有做好。我的第一個反應可能是：這個人故意整我，我也該給他點顏色看。其次，我也可能替自己辯護，說明目前臺灣的研究趨勢，大家都差不多，都是抄美國人的公式，好壞的距離不大。這幾乎是每個人在遭到批判時，所可能採取的對策和步驟，以保護自己，一方面企圖反擊，另方面又想掩飾。其實這都沒有必要，好壞不但自有公論，而且別人看得很清楚，只是當面說與不說的差別而已。

社會事實也往往如此，有些人指出錯誤，有些人則意圖掩飾。報紙上出現這類現象，眞可以說是屢見不鮮。例如，議會中的問答，尤其明顯。有位議員質問某地方官員，蓋房子爲什麼收那麼多次的紅包？官員說：不送不就得了！這眞是妙答，納稅人聞所未聞。但也是典型的逃避方式，以爲這樣就把問題撇開了。不知議員先生有沒有再追尋下去的意思，納稅人認爲還需要再次面對問題。

首先，議員都已經知道，甚至握有證據，蓋房子要收紅包，這已經觸犯貪汚罪，難道問問就算了？如果是這樣的話，我們的法律還有什麼用？誰還願意去遵守法律？這就無怪搶刼、賄賂橫行了！

其次，官員在答詢時，居然用「不送錢就沒有人貪汚」的邏輯來解釋犯行，其中隱含兩個嚴重的問題，一是無視於社會道德規範，這種說法，幾乎是替貪污的人辯護，貪瀆應該，送錢的才有罪。二是顯示行政體系對其組織內成員沒有管束的能力，否則，像這樣的談話，應該會引起嚴重的後果。如果上述推論可以接受的話，我們就可以說，大家都在逃避，不敢面對問題。

不祇是上面的故事，我們這個看起來相當繁榮的社會，無論在政治、經濟、社會，或國際事務方面，目前正流行這樣的處事方式：能逃避，就逃避。但是，爲了過去創造的艱難，爲了將來社會的發展，我們還是盼望大家都誠實一點，面對問題，不要逃避，這樣才能眞正解決問題。

（《民生報》，73年10月26日）

管與禁，有時而窮

家庭爲了孩子的成長和安全，總不免對一些事要「管」和「禁」。例如禁止喝酒、抽煙。違反了就要管教。告訴他們爲什麼不能喝酒、抽煙，一方面不准做，另方面也說明不准做的理由。「禁」是限制行動；「管」是使行動者了解限制行動的原因，使違規行動不致重複出現，最後達成不管而自禁，而成爲一種行爲規範。如果禁而不管，即使一再重申禁令，也未必有效。

可見，禁有不准的意思。如不准打獵毒魚，不准妖言惑眾。管有管理、管教的意思，如管理學生行爲、管理槍械、管教子女之類。

如果有權的機構下命令不准或禁止，被禁的人卻不理會，仍然我行我素，那怎麼辦？一般的辦法就是處罰或重罰。例如禁止黃線停車，有人卻硬是要把車停在公車站的黃線邊，那就重罰。沒有人願意每次花幾千元停車費的。如果有的罰，有的不罰；有時罰，有時不罰；或有時嚴格，有時又不嚴格；那不僅無效，反而加強投機。如果嚴格執行的重罰都不成，那必然有些別的原因在。這時就得研究研究，另謀對策。「重申前令」是無法解決問題的。可惜的是，我們的決策者常常走這樣的便道。例如，發現教師打學生，重申前令，禁止體罰；發現公職人員收紅包，重申前令，不准貪污；諸如此類。其實，這只是推卸責任，表示已經下令禁止過而已。

社會上所以產生某類現象或某種行爲，通常都有它的原因，如果沒有找到事件的因果關係，多半是禁不絕，也管不好。例如，最近又被新聞界炒熱的色情問題，市府號召整頓環境問題，都必須徹底檢討政策設計和行政效率，以謀根本救濟；否則，類似事件以後還會發生。禁和管，充其量只有消極作用，何況「禁」「管」又都需有效的行政體系作後盾。

（《民生報》，73年8月26日）

受益還是受害？

當初，我們選擇住在這個地方，有好一些令人愉快的理由：屋後有一塊小小的稻田，無論是稻苗的嫩綠或稻穗的金黃，都令人身心愉悅；稻田中有一條小溪，白天有些髒亂，晚上卻可以聽潺潺流水；每當春夏時節，蛙鳴蟲叫，直像置身田園；再過去就是一片青綠小山，從後窗望出去，了無塵囂之苦；夜深人靜的時候，除了流水和蟲聲，就是一片靜寂。我們安居了幾年這樣的生活。臺北市慢慢在擴大，低地住滿了人，山坡地開始挖掘，於是小山上蓋起了難看的樓房，小溪有時氾濫，稻田先是長滿了野草，後來變成黃土堆。一切的美景似乎頃刻間都沒有了，蛙不鳴了，蟲也不叫了。

臺北市政府想到把小溪開闢爲一條大水溝，據說可以杜絕水患。水溝旁修了一條柏油路，雙向通車。水溝經過一年多的時間建成後，還沒有下過暴雨，功能尙不清楚。馬路修成後的功能卻非常明顯，成天的大卡車、水泥車、公車、機車怒吼而過，一天二十四小時都無停憩。我們只要面對後窗，就會看到這一條沒有休止的車陣，聽到永不停息的車聲。現在我們才特別明白，這種車聲，尤其是機車與貨車的聲音，多麼令人討厭和不快。於是我們不得不想，爲什麼超載、超音而不會受到處罰？

現在是永無寧日了，從前的安靜化爲烏有。我們每天要忍受卡車超載和機車無滅音器所產生的噪音。使人相當的不安和煩躁。

就在這種情況下，臺北市政府來了一個通知，要收沿途住家的工程受益費。我們一直想不通，爲什麼修了條馬路要收受益費？政府收了納稅人的錢，不修水溝、馬路、公園，不做公共建設，難道只爲養育官僚階層和公營事業機構？我們旣不是商店，也不是攤販，除了整日感受躁音之苦以外，可說一無益處。

我們認爲，修馬路、水溝的錢旣然來自稅收，就不應重複課徵受益費；相對的，如果不能取締超載和噪音之類的干擾，我們有權利要求給予受害費；如果因此產生精神和身體上的傷害，有關機構還應負行政和道義的責任，賠償損失。

從居住的環境品質來說，像這種現象，究竟是受益還是受害，起碼也應該有一個區辨的標準，未可一概而論。

（《民生報》，75年6月23日）

福利不僅是爲了救濟

前些日子，政府宣佈提供龐大經費從事社會福利事務，並且預計即將實行農民健康保險，甚至農業保險，這是一件值得讚揚的事。不過，站在整個社會福利的立場，我們還希望，在政府財政許可的條件之下，將來至少應該做到兩點：其一是失業保險或失業救濟，其二是全民健康保險。我認爲，這是建立安全社會的最起碼條件，也是中國傳統文化所強調的人道主義及大同精神。

衣食足而後知榮辱

爭執是存在的，有人認爲福利做得太多，引發人民的惰性，工作情緒低落，甚至等着拿救濟金度日。又有人認爲，過多的福利，使政府財政發生困難，生產受到阻礙，乃至無法平衡預算。都不是好現象，應該適可而止。

這種觀念是可以討論和溝通的，第一，以失業救濟金爲例，任何國家都不可能高到可以享受舒服的生活，只是維持最起碼的生存條件而已。我們不能說沒有這種懶人，任何種類的社會都會有這種人，總不至於因社會福利而大量製造了這類人。瑞典、瑞士是聞名世界的社會福利國家，一九七九年它的國民所得分別爲美金一四、一〇三及一〇、七八五元，同樣高踞世界前幾名，而且高出英（六、四〇七）、美（九、四六一）不少。這至少不能證實社會福利拖累了國家的生產事業。第二，所謂福利太多，只是一種相對的辭彙，沒有人主張用財政赤字去彌補福利計劃，可是也不能把財政困難作爲拖延福利計劃的藉口。我認爲，這種事，應該很容易理解，不必費辭。

事實上，當我們主張辦理失業救濟、全民保險之類的福利事務時，並不是我們本身或本身的工作，可以獲得任何報償，而是以社會安全體系的需要爲着眼點。一個社會，只有在普遍獲得較好的生活環境，以及生活在眞正的安全和滿足的情況下，才有可能成爲和諧而充滿活力。這就是我國人一向所說的「衣食足，而後知榮辱」的情境；假如許多人都生活在絕望的環境下，所謂安定也者，恐怕是緣木求魚的事。

中國歷史上，這種事屢見不鮮，饑饉、戰亂、流行病通常都會引發社會的擾攘不安，甚至統治權的轉移。爲什麼？多數人都生活在絕望之下，只有鋌而走險。爲了緩和這種不安的情緒，政府或慈善家有時會出面救濟，但往往不是爲時太晚，就是杯水車薪，挽救不了卽將崩潰的局面。

並不是慈善事業

我們不應把現代的社會救濟當作慈善事業，我們必須承認，任何一個社會，都有許多不可避免的不平等現象，例如出身的不平等、就業機會的不平等、城鄉環境、教育或性別的不平等，諸如此類，正需要利用正規的、國家的社會救助辦法，予以救濟，使每個人平等的條件儘量接近，雖然未必完全相等。社會救濟不可能把每個人的生活改善到完全滿意的程度——那仍然要靠自己的努力，卻可以把不幸的人從絕望中救出來，幫助他們另覓生路。所以，社會福利的基本精神，不是消極的救濟，而是積極的爲某些人另謀生路，或重建生活方式。解決生存問題，只是一個起點。

用儒家傳統來說，仁民愛物最能表現這種社會救助精神；孟子所強調的惻隱之心，禮運的大同世界，企圖把整個社會改造成爲無憂無慮的樂園，都是利用人類的同情心，或互助精神去造福別人。如果我們把〈大同篇〉的意義加以闡釋，便不難了解孫中山先生當初何以要特別強調它。大同的最高境界是一個「天下爲公」的社會，對社會中的每個人都有妥善而滿意的安排；「選賢與能」其實就是個人的自我實現，使適當人安排在適當的位置上；「講信修睦」可以解釋爲尊重自己，也愛護別人，彼此和平相處；老有終，壯有用……實際是一種積極的社會安全體系，使每個人對未來具有安全感；最後，需要幫助的都獲得幫助，「皆有所養」。這個過程顯然是有層次的，從最基本的養生，到個人及社會的安全感，到重人與自重，到賢能的爲社會服務，到天下爲公的大同世界。這些步驟的策劃和執行，實際都由政府擔任重要角色，相當於現階段的社會福利政策，必要時加以救濟。

符合人類慾望發展

這種作法也相當符合人類慾望的發展過程，一步一步的往上加強，解決了饑餓的問題，才會想到更高的層次；否則，救死都來不及，「奚暇治禮義哉」？這正與馬斯洛 (A. H. Maslow) 的說法有高度的一致性，或者說，馬氏的說法與〈大同篇〉略暗合。馬氏用動機論來解釋人類的需求層次，他認爲，人的需求有五個階段，一個一個的依次要求滿足：第一是生理的需求，如饑餓、性；第二是安全的需求，如不受威脅、獲得保障；第三是愛與從屬的需求，如親友、社團；第四是尊重的需求，如讚許、自尊；第五是自我實現的需求，如盡力、發揮潛能。這五個層次，一個高於一個，一個實現之後，就會希望實踐下一個，一直到完成自我理想的實現。

可見〈大同篇〉的社會救助論，相當符合人性的需求，假如馬氏的論點可以被接受的話。

許多人權宣言也提出人類的普遍價值和行動準則，以期建立所謂普遍性的人權。事實上，這類原則是以西方社會爲標準，或者說，以西方人的價值取向作爲衡量的尺度，而制訂人權的普遍原則，一九四八年爲東西方各國簽字認可的「聯合國人權宣言」，就是一種這樣的產物。這個宣言，一共有幾十條，說明各種各樣的基本人權，必需受到尊重。歸納起來，大概有下列五類：

(1) 生命、生存、工作、食物、衣着、居住、醫藥。

(2) 休息、休閑、健康、基本教育、較好的生活。

(3) 人格發展、自由、平等、安全。

(4) 尊重、價值。

(5) 參與社區、服務社會。

這是個人的立意分類，似乎可以與馬氏和〈大同篇〉做一點比較，第1類相當於馬氏的生理需求，或〈大同篇〉的養生，一直到第5類，與實現自己的意願，相當一致。這是頗具積極性的建議，它盼望每個理性的政府組織，對每個人都能提供同樣的照顧。從提供衣物到健康、教育，到安全、自由、平等，到尊重，到爲社會服務。

發展有效可行的福利政策

馬斯洛的需求論和人權宣言的權利論，都是晚近討論人類基本價值和行動的意見，這些意見卻與兩千多年前的儒家精神相當一致，一方面表示中國人對人性透視的能力，另方面也顯示，儘管技術發展飛快，人性並沒有跟着那樣改變下去。這也就是我們經常爭論的一個問題，在工業化過程中，技術變遷與價值變遷總會有些衝突，社會科學家應該如何提出對策，調整這種衝突，以減低社會遭受更大的損害？社會福利政策就是其中的一種。現在我們了解，這種政策不僅符合人性和權利的要求，也符合中國文化的傳統精神。我不是說，符合傳統就是不可爭論的，而是福利政策剛好與傳統文化理想有某種程度的一致性。

在這種情況下，我要強調的是，無論從文化價值、從人性、從工業社會的需要，或從世界趨勢來看，發展正確而合理的福利政策，以造福人羣，特別是工農羣衆，似乎是無庸置疑的了。下一步的問題是，爲了達成目標，我們需要什麼樣的福利政策？如果我們不否認文化差異的話，就必需正視不同社會間的政策差異這個問題。換句話說，以色列可以實行的福利政策，在我國不一定可行，因爲我們有不同的需求、不同的自我實現方式等等。我們應該研究出有效而可行的福利政策，以達到個人的養生、送死，社會的安全、平等、自由，乃至自我滿足的境界。這個境界就是我所強調的價值目標，使社會福利與社會價值具有高度的一致性。

（《時報雜誌》102期，70年11月）

滄海叢刊已刊行書目(八)

書名	作者	類別
文學欣賞的靈魂	劉述先	西洋文學
西洋兒童文學史	葉詠琍	西洋文學
現代藝術哲學	孫旗譯	藝術
音樂人生	黃友棣	音樂
音樂與我	趙琴	音樂
音樂伴我遊	趙琴	音樂
爐邊閒話	李抱忱	音樂
琴臺碎語	黃友棣	音樂
音樂隨筆	趙琴	音樂
樂林蓽露	黃友棣	音樂
樂谷鳴泉	黃友棣	音樂
樂韻飄香	黃友棣	音樂
樂圃長春	黃友棣	音樂
色彩基礎	何耀宗	美術
水彩技巧與創作	劉其偉	美術
繪畫隨筆	陳景容	美術
素描的技法	陳景容	美術
人體工學與安全	劉其偉	美術
立體造形基本設計	張長傑	美術
工藝材料	李鈞棫	美術
石膏工藝	李鈞棫	美術
裝飾工藝	張長傑	美術
都市計劃概論	王紀鯤	建築
建築設計方法	陳政雄	建築
建築基本畫	陳榮美 楊麗黛	建築
建築鋼屋架結構設計	王萬雄	建築
中國的建築藝術	張紹載	建築
室內環境設計	李琬琬	建築
現代工藝概論	張長傑	雕刻
藤竹工	張長傑	雕刻
戲劇藝術之發展及其原理	趙如琳譯	戲劇
戲劇編寫法	方寸	戲劇
時代的經驗	汪琪 彭家發	新聞
大衆傳播的挑戰	石永貴	新聞
書法與心理	高尚仁	心理

滄海叢刊已刊行書目(七)

書名	作者	類別
印度文學歷代名著選(上)(下)	糜文開編譯	文學
寒山子研究	陳慧劍	文學
魯迅這個人	劉心皇	文學
孟學的現代意義	王支洪	文學
比較詩學	葉維廉	比較文學
結構主義與中國文學	周英雄	比較文學
主題學研究論文集	陳鵬翔主編	比較文學
中國小說比較研究	侯健	比較文學
現象學與文學批評	鄭樹森編	比較文學
記號詩學	古添洪	比較文學
中美文學因緣	鄭樹森編	比較文學
文學因緣	鄭樹森	比較文學
比較文學理論與實踐	張漢良	比較文學
韓非子析論	謝雲飛	中國文學
陶淵明評論	李辰冬	中國文學
中國文學論叢	錢穆	中國文學
文學新論	李辰冬	中國文學
離騷九歌九章淺釋	繆天華	中國文學
苕華詞與人間詞話述評	王宗樂	中國文學
杜甫作品繫年	李辰冬	中國文學
元曲六大家	應裕康 王忠林	中國文學
詩經研讀指導	裴普賢	中國文學
迦陵談詩二集	葉嘉瑩	中國文學
莊子及其文學	黃錦鋐	中國文學
歐陽修詩本義研究	裴普賢	中國文學
清真詞研究	王支洪	中國文學
宋儒風範	董金裕	中國文學
紅樓夢的文學價值	羅盤	中國文學
四說論叢	羅盤	中國文學
中國文學鑑賞舉隅	黃慶萱 許家鸞	中國文學
牛李黨爭與唐代文學	傅錫壬	中國文學
增訂江皐集	吳俊升	中國文學
浮士德研究	李辰冬譯	西洋文學
蘇忍尼辛選集	劉安雲譯	西洋文學

滄海叢刊已刊行書目(八)

書名	作者	類別
文學欣賞的靈魂	劉述先	西洋文學
西洋兒童文學史	葉詠琍	西洋文學
現代藝術哲學	孫旗譯	藝術
音樂人生	黃友棣	音樂
音樂與我	趙琴	音樂
音樂伴我遊	趙琴	音樂
爐邊閒話	李抱忱	音樂
琴臺碎語	黃友棣	音樂
音樂隨筆	趙琴	音樂
樂林蓽露	黃友棣	音樂
樂谷鳴泉	黃友棣	音樂
樂韻飄香	黃友棣	音樂
樂圃長春	黃友棣	音樂
色彩基礎	何耀宗	美術
水彩技巧與創作	劉其偉	美術
繪畫隨筆	陳景容	美術
素描的技法	陳景容	美術
人體工學與安全	劉其偉	美術
立體造形基本設計	張長傑	美術
工藝材料	李鈞棫	美術
石膏工藝	李鈞棫	美術
裝飾工藝	張長傑	美術
都市計劃概論	王紀鯤	建築
建築設計方法	陳政雄	建築
建築基本畫	陳榮美 楊麗黛	建築
建築鋼屋架結構設計	王萬雄	建築
中國的建築藝術	張紹載	建築
室內環境設計	李琬琬	建築
現代工藝概論	張長傑	雕刻
藤竹工	張長傑	雕刻
戲劇藝術之發展及其原理	趙如琳譯	戲劇
戲劇編寫法	方寸	戲劇
時代的經驗	汪琪 彭家發	新聞
大衆傳播的挑戰	石永貴	新聞
書法與心理	高尚仁	心理

滄海叢刊已刊行書目 (七)

書名	作者	類別
印度文學歷代名著選(上)(下)	糜文開編譯	文學
寒山子研究	陳慧劍	文學
魯迅這個人	劉心皇	文學
孟學的現代意義	王支洪	文學
比較詩學	葉維廉	比較文學
結構主義與中國文學	周英雄	比較文學
主題學研究論文集	陳鵬翔主編	比較文學
中國小說比較研究	侯健	比較文學
現象學與文學批評	鄭樹森編	比較文學
記號詩學	古添洪	比較文學
中美文學因緣	鄭樹森編	比較文學
文學因緣	鄭樹森	比較文學
比較文學理論與實踐	張漢良	比較文學
韓非子析論	謝雲飛	中國文學
陶淵明評論	李辰冬	中國文學
中國文學論叢	錢穆	中國文學
文學新論	李辰冬	中國文學
離騷九歌九章淺釋	繆天華	中國文學
苕華詞與人間詞話述評	王宗樂	中國文學
杜甫作品繫年	李辰冬	中國文學
元曲六大家	應裕康 王忠林	中國文學
詩經研讀指導	裴普賢	中國文學
迦陵談詩二集	葉嘉瑩	中國文學
莊子及其文學	黃錦鋐	中國文學
歐陽修詩本義研究	裴普賢	中國文學
清真詞研究	王支洪	中國文學
宋儒風範	董金裕	中國文學
紅樓夢的文學價值	羅盤	中國文學
四說論叢	羅盤	中國文學
中國文學鑑賞舉隅	黃慶萱 許家鸞	中國文學
牛李黨爭與唐代文學	傅錫壬	中國文學
增訂江皋集	吳俊升	中國文學
浮士德研究	李辰冬譯	西洋文學
蘇忍尼辛選集	劉安雲譯	西洋文學

滄海叢刊已刊行書目(六)

書名	作者	類別
卡薩爾斯之琴	葉石濤	文學
青囊夜燈	許振江	文學
我永遠年輕	唐文標	文學
分析文學	陳啓佑	文學
思想起	陌上塵	文學
心酸記	李喬	文學
離訣	林蒼鬱	文學
孤獨園	林蒼鬱	文學
托塔少年	林文欽編	文學
北美情逅	卜貴美	文學
女兵自傳	謝冰瑩	文學
抗戰日記	謝冰瑩	文學
我在日本	謝冰瑩	文學
給青年朋友的信(上)(下)	謝冰瑩	文學
冰瑩書柬	謝冰瑩	文學
孤寂中的廻響	洛夫	文學
火天使	趙衛民	文學
無塵的鏡子	張默	文學
大漢心聲	張起鈞	文學
回首叫雲飛起	羊令野	文學
康莊有待	向陽	文學
情愛與文學	周伯乃	文學
湍流偶拾	繆天華	文學
文學之旅	蕭傳文	文學
鼓瑟集	幼柏	文學
種子落地	葉海煙	文學
文學邊緣	周玉山	文學
大陸文藝新探	周玉山	文學
累廬聲氣集	姜超嶽	文學
實用文纂	姜超嶽	文學
林下生涯	姜超嶽	文學
材與不材之間	王邦雄	文學
人生小語(一)(二)	何秀煌	文學
兒童文學	葉詠琍	文學

滄海叢刊已刊行書目(五)

書名	作者	類別
中西文學關係研究	王潤華	文學
文開隨筆	糜文開	文學
知識之劍	陳鼎環	文學
野草詞	韋瀚章	文學
李韶歌詞集	李韶	文學
石頭的研究	戴天	文學
留不住的航渡	葉維廉	文學
三十年詩	葉維廉	文學
現代散文欣賞	鄭明娳	文學
現代文學評論	亞菁	文學
三十年代作家論	姜穆	文學
當代臺灣作家論	何欣	文學
藍天白雲集	梁容若	文學
見賢集	鄭彥棻	文學
思齊集	鄭彥棻	文學
寫作是藝術	張秀亞	文學
孟武自選文集	薩孟武	文學
小說創作論	羅盤	文學
細讀現代小說	張素貞	文學
往日旋律	幼柏	文學
城市筆記	巴斯	文學
歐羅巴的蘆笛	葉維廉	文學
一個中國的海	葉維廉	文學
山外有山	李英豪	文學
現實的探索	陳銘磻 編	文學
金排附	鍾延豪	文學
放鷹	吳錦發	文學
黃巢殺人八百萬	宋澤萊	文學
燈下燈	蕭蕭	文學
陽關千唱	陳煌	文學
種籽	向陽	文學
泥土的香味	彭瑞金	文學
無緣廟	陳艷秋	文學
鄉事	林清玄	文學
余忠雄的春天	鍾鐵民	文學
吳煦斌小說集	吳煦斌	文學

滄海叢刊已刊行書目㈣

書名	作者	類別
歷史圈外	朱桂	歷史
中國人的故事	夏雨人	歷史
老臺灣	陳冠學	歷史
古史地理論叢	錢穆	歷史
秦漢史	錢穆	歷史
秦漢史論稿	刑義田	歷史
我這半生	毛振翔	歷史
三生有幸	吳相湘	傳記
弘一大師傳	陳慧劍	傳記
蘇曼殊大師新傳	劉心皇	傳記
當代佛門人物	陳慧劍	傳記
孤兒心影錄	張國柱	傳記
精忠岳飛傳	李安	傳記
八十憶雙親 師友雜憶 合刊	錢穆	傳記
困勉強狷八十年	陶百川	傳記
中國歷史精神	錢穆	史學
國史新論	錢穆	史學
與西方史家論中國史學	杜維運	史學
清代史學與史家	杜維運	史學
中國文字學	潘重規	語言
中國聲韻學	潘重規 陳紹棠	語言
文學與音律	謝雲飛	語言
還鄉夢的幻滅	賴景瑚	文學
葫蘆·再見	鄭明娳	文學
大地之歌	大地詩社	文學
青春	葉蟬貞	文學
比較文學的墾拓在臺灣	古添洪 陳慧樺 主編	文學
從比較神話到文學	古添洪 陳慧樺	文學
解構批評論集	廖炳惠	文學
牧場的情思	張媛媛	文學
萍踪憶語	賴景瑚	文學
讀書與生活	琦君	文學

滄海叢刊已刊行書目(三)

書名	作者	類別
不疑不懼	王洪鈞	教育
文化與教育	錢穆	教育
教育叢談	上官業佑	教育
印度文化十八篇	糜文開	社會
中華文化十二講	錢穆	社會
清代科舉	劉兆璸	社會
世界局勢與中國文化	錢穆	社會
國家論	薩孟武譯	社會
紅樓夢與中國舊家庭	薩孟武	社會
社會學與中國研究	蔡文輝	社會
我國社會的變遷與發展	朱岑樓主編	社會
開放的多元社會	楊國樞	社會
社會、文化和知識份子	葉啓政	社會
臺灣與美國社會問題	蔡文輝 蕭新煌 主編	社會
日本社會的結構	福武直 著 王世雄 譯	社會
三十年來我國人文及社會科學之回顧與展望		社會
財經文存	王作榮	經濟
財經時論	楊道淮	經濟
中國歷代政治得失	錢穆	政治
周禮的政治思想	周世輔 周文湘	政治
儒家政論衍義	薩孟武	政治
先秦政治思想史	梁啓超原著 賈馥茗標點	政治
當代中國與民主	周陽山	政治
中國現代軍事史	劉馥 著 梅寅生 譯	軍事
憲法論集	林紀東	法律
憲法論叢	鄭彥棻	法律
師友風義	鄭彥棻	歷史
黃帝	錢穆	歷史
歷史與人物	吳相湘	歷史
歷史與文化論叢	錢穆	歷史

滄海叢刊已刊行書目(二)

書名	作者	類別
語言哲學	劉福增	哲學
邏輯與設基法	劉福增	哲學
知識·邏輯·科學哲學	林正弘	哲學
中國管理哲學	曾仕强	哲學
老子的哲學	王邦雄	中國哲學
孔學漫談	余家菊	中國哲學
中庸誠的哲學	吳怡	中國哲學
哲學演講錄	吳怡	中國哲學
墨家的哲學方法	鐘友聯	中國哲學
韓非子的哲學	王邦雄	中國哲學
墨家哲學	蔡仁厚	中國哲學
知識、理性與生命	孫寶琛	中國哲學
逍遥的莊子	吳怡	中國哲學
中國哲學的生命和方法	吳怡	中國哲學
儒家與現代中國	韋政通	中國哲學
希臘哲學趣談	鄔昆如	西洋哲學
中世哲學趣談	鄔昆如	西洋哲學
近代哲學趣談	鄔昆如	西洋哲學
現代哲學趣談	鄔昆如	西洋哲學
現代哲學述評(一)	傅佩榮譯	西洋哲學
懷海德哲學	楊士毅	西洋哲學
思想的貧困	韋政通	思想
不以規矩不能成方圓	劉君燦	思想
佛學研究	周中一	佛學
佛學論著	周中一	佛學
現代佛學原理	鄭金德	佛學
禪話	周中一	佛學
天人之際	李杏邨	佛學
公案禪語	吳怡	佛學
佛教思想新論	楊惠南	佛學
禪學講話	芝峯法師譯	佛學
圓滿生命的實現(布施波羅蜜)	陳柏達	佛學
絶對與圓融	霍韜晦	佛學
佛學研究指南	關世謙譯	佛學
當代學人談佛教	楊惠南編	佛學

滄海叢刊已刊行書目(一)

書名	作者	類別
國父道德言論類輯	陳立夫	國父遺教
中國學術思想史論叢(一)(二)(三)(四)(五)(六)(七)(八)	錢穆	國學
現代中國學術論衡	錢穆	國學
兩漢經學今古文平議	錢穆	國學
朱子學提綱	錢穆	國學
先秦諸子繫年	錢穆	國學
先秦諸子論叢	唐端正	國學
先秦諸子論叢(續篇)	唐端正	國學
儒學傳統與文化創新	黃俊傑	國學
宋代理學三書隨劄	錢穆	國學
莊子纂箋	錢穆	國學
湖上閒思錄	錢穆	哲學
人生十論	錢穆	哲學
晚學盲言	錢穆	哲學
中國百位哲學家	黎建球	哲學
西洋百位哲學家	鄔昆如	哲學
現代存在思想家	項退結	哲學
比較哲學與文化(一)(二)	吳森	哲學
文化哲學講錄(一)(二)(三)(四)	鄔昆如	哲學
哲學淺論	張康譯	哲學
哲學十大問題	鄔昆如	哲學
哲學智慧的尋求	何秀煌	哲學
哲學的智慧與歷史的聰明	何秀煌	哲學
內心悅樂之源泉	吳經熊	哲學
從西方哲學到禪佛教 —「哲學與宗教」一集—	傅偉勳	哲學
批判的繼承與創造的發展 —「哲學與宗教」二集—	傅偉勳	哲學
愛的哲學	蘇昌美	哲學
是與非	張身華譯	哲學